일본 젊은 층들의 네이티브식 표현을 활용한

일본어회화

정인문

제이앤씨
Publishing Corporation

이 〈시리즈 4〉는 일본인을 위한 일본어가 아니라, 한국인을 대상으로 한 일본어 회화 학습자를 대상으로 한 것이다. 또 하나는 실제로 일본 현지에서 사용되는 표현을 익힘으로서 직접적인 커뮤니케이션 능력을 향상시키는데 중점을 두었다.

일본인을 대상으로 일본어 학습자 입장에서는 너무나도 자연스럽고 당연한 것도, 외국인인 한국인 학습자 입장에서는 너무나도 어렵게 느껴지는 것도 있을 수 있고, 때로는 얼른 납득이 안 가서 간과해 버리는 경우도 있을 수 있다. 반대로 일본인 학습자 입장에서는 좀 어렵지 않을까 하고 생각되어지는 부분이, 오히려 한국인 학습자 입장에서는 의외로 쉽게 느껴지는 것도 얼마든지 있을 수 있다. 또 하나는 공손체로는 그런대로 대응할 수 있겠는데, 또래 젊은 일본친구들 앞에서는 일본어 한 마디 제대로 하지 못한다면 일본어 학습 방법에 무슨 문제가 있는 것이 아닌가 하고 생각해 봐야 할 것이다.

이 책은 이런 문제를 심각하게 고민하던 중에 구상된 것이다. 따라서 특히 사전을 찾아 봐도 잘 나오지 않는 속어 같은 말들로 구성되었다. 공손한 표현만 가르쳐 주는 일본어 회화책으로는 자연스러운 일본어를 구사하기가 쉽지 않다. 특히 일본 젊은 층에서 사용하는 말에는 유행어와 단축어가 상당히 있는 것이 사실이다. 또한 기본적으로 남성들이 쓰는 말투와 여성들이 쓰는 말투에는 미묘한 차이도 존재한다.

따라서 필자는 한국인 학습자 입장에서 일본어를 학습하는 데 있어서 어떻게 하면 쉽게 이해가 되면서도 쉽게 접근할 수 있는 길을 생각해 봤을 때, 뭐니 해도 지금 현재 일본에서 일본 젊은 층들이 사용하고 있는, 즉 살아 있는 일본어를 통째로 암기하는 것도 하나의 방편이 될 수 있다고 보았다. 즉 본서는 이런 면에 착안하였고 또한 접근하도록 하였다.

따라서 이 〈시리즈 4〉는 무엇보다도 살아있는 일본어가 되도록 하는 데 역점을 두었다. 일본 젊은이들의 생생한 말투로 일본어 회화 연습을 할 수 있게 만들었다. 어휘도 문형도 이상과 같은 점에 유의하여 접근하였다. 일본어 회화 문형은 기본적으로 젊은 친구들이 수다를 떨 때 사용하는 친근한 문형으로 구성되어 있으며, 친구들이나 친한 사람들끼리 쓸 수 있도록 간결한 반말체로 되어 있다.

이 책도 선배 同学 연구자 여러분들의 많은 도움을 받아 엮어진 것이다. 지면을 통해 감사의 마음을 표하고자 한다. 아울러 제이앤씨 출판사 관계자 여러분들께 감사의 말씀 드리고 싶다.

2011년 1월
정 인 문 삼가 적음

목 차

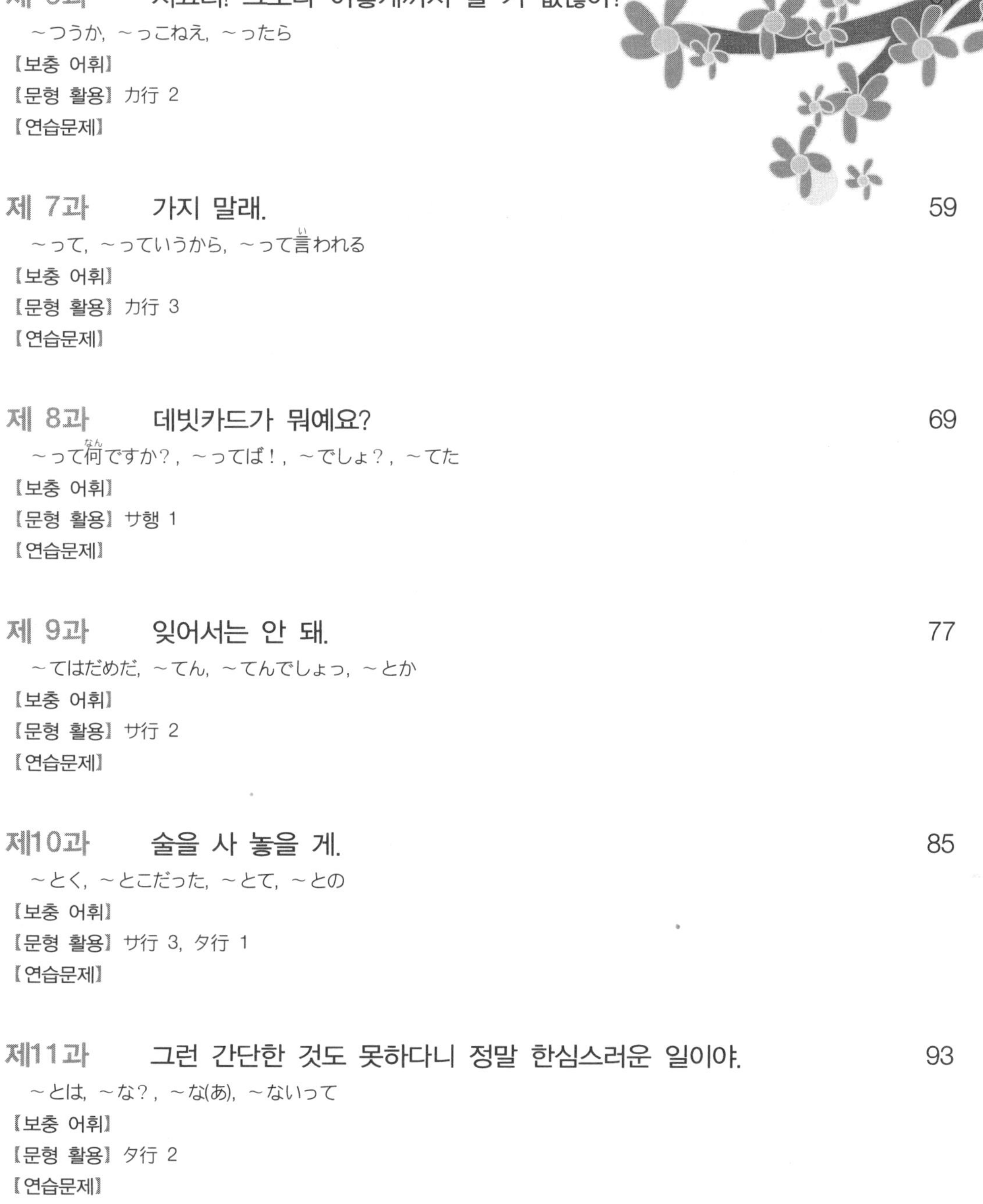

일본 젊은 층들의 네이티브식 표현을 활용한
일본어회화

~おち，~貸して，~かな

기본문형

1　~おち

トイレしおち。

飯おち。

| ~잠깐 나갈 게(잠깐의 용무)

화장실 갔다 올게.

밥 먹고 올게.

2　~貸して。

ちょっとそれ、貸して。

あんた下手だね？　貸して。

| 그거 잠깐 줘 봐, 이리 줘 봐

잠깐 그거 줘 봐.

너 서툴구나? 줘 봐.

3　~かな

何か音がしたけど、だれか来たのかな。

| ~일까, ~할까(의문, 질문)

무슨 소리가 났는데, 누가 왔나?

朝ごはんを抜く 아침을 거르다
ビール腹 똥배
下っ腹が出る 아랫배가 나오다
髪を盛る 머리를 세우다
お肌のお手入れ 피부 관리
美肌 고운 피부
グラマー 글래머
でき結婚(できちゃった結婚) 속도위반 결혼
おかま 여장을 하는 남자
ゴム 콘돔
エロ動画 야동
三つ星 3성 호텔
ぼられる(ぼったくられる) 바가지 쓰다
名声を轟かす 명성을 떨치다
弔いの言葉を述べる 문상하다
なる早で 가능한 한 빨리
気受けがいい 호감을 받다, 세평이 좋다
期日を繰り上げる 기일을 앞당기다
凍え死に 동사
子供を寝かす 아이를 재우다
悪夢にうなされる 악몽에 시달리다
野菜を和える 채소를 무치다
野菜を煮る 채소를 삶다
とろ火で煮込む 약한 불로 조리다
薬味を混ぜ合わせる 양념을 버무리다
困った代物 두통꺼리 인간
腹のなかが煮え返る 화가 나 속이 부글부글 끓다
図星を指されてどぎまぎする 정곡을 찔려 당황하다
水を湛える 물을 가득 채우다
あらくれ男 난폭한 사나이

ぜい肉がつく 군살이 붙다
ふっきん 윗몸일으키기
中年ぶとり 나잇살
リバウンドする 요요현상이 오다
素っぴん美人 민낯미인
すらっとしてる 늘씬하다
脂性肌 지성피부
おなべ 남장을 하고 남자처럼 사는 여자
エロい 야하다, 변태 같다
日帰り旅行 당일치기 여행
有り金をはたいて買う 수중에 있는 돈 다 털어 사다
見た感じ 보기에, 본 느낌으로
整った目鼻立ち 반듯한 이목구비
口を滑らせる 말실수 하다
仲直し 화해
人に気兼をする 남을 스스러워하다
小刻に歩く 종종걸음치다
媚びを売る 아양을 떨다
胡麻をする 아첨을 하다
ダフ屋から買う 암표상에서 사다
野菜をゆがく 채소를 데치다
とろみを付ける 약간 걸쭉하게 하다
スパイスを入れる 양념을 넣다
タレにつける 양념장에 재우다
煮え返るような騒ぎ 뒤끓는 듯한 소동
爛れ目 진무른 눈
むさくるしい部屋 누추한 방

腕を抓る 팔을 꼬집다
肉を刻む 고기를 다지다
強情を張る 고집을 부리다
ゲーセンに立ち寄ってみる 게임센터에 들르다
社会からドロップ・アウトする 사회에서 낙오하다
チーフに芸能コーナを設ける 팀장으로 예능코너를 신설하다
かびが生える 곰팡이가 피다
恩を着せる 공치사를 하다
九九を覚える 구구단을 외우다
社長に取り入る 사장에게 아첨하다
ト書き 지문
とんちんかんな答え 엉뚱한 대답
蝕んだ衣服 좀먹은 의복
人を慄然たらしめる 사람을 전율케 하다
手元に入る (미장이 등) 조수로 들어가다
すそを絡げる 옷자락을 걷어올리다
喧嘩を預かる 싸움의 중재를 맡다
人を子供あしらいにする 사람을 어린애 취급을 하다
かみまくる 버벅대다
キャッチセールス 길거리 영업
判子が曲がっている 도장이 제대로 안 찍히다
ペーパードライバー 장롱 면허
コスメ選び 화장품 선택

肉をひく 고기를 갈다
告げ口をする 고자질 하다
頭を抱える 골머리를 앓다
茶ばつにばっちりメイク 금발에 짙은 화장
括弧で括る 괄호로 묶다
たこができる 굳은살이 박히다
深傷を負う 깊은 상처를 입다
夕闇がせまる 땅거미 지기 시작하다
ずけずけと言う 거침없이 마구 말하다
ひどく妬く 몹시 질투하다
上前を撥ねる 이익의 일부를 가로채다
笑って取り合わない 웃으며 상대하지 않다
年寄を労る 노인을 돌보다
勝負を預かる 승부의 판정을 보류하다
迷惑を装う 짜증나는 척하다
けちをつけてくる 트집을 잡다
赤点のテストの答案用紙 낙제점 받은 답안지

《ア行 1》

あー、頭いてえ。どうすればいい？	아－. 머리 아파. 어떡하면 좋을까?
あーあ、つまんなーい。	아－, 재미없어.
あ、穴があったら入りたい。	아, 쥐구멍이라도 있으면 들어가고 싶어.
ああー、もうやだ。	아－, 미치겠네.
あいつ、あんたに気があるんだって。	걔가 너 좋아한대.
あいつ今ニートじゃん。	걔 지금 백수잖아.
あいつ、俺のことなめてんだよな。	저 자식 나를 물로 보는 것 같지?
あいつ、俺の前に現れたら、ただじゃおかねー。	그 자식 내 앞에 나타나기만 하면 가만 안 둬.
あいつさ、自分で自分のことを可愛いとか思ってね？	걔 본인이 잘 생긴 줄 아나봐?
あいつ、すっげー頭でっかちだよね。	걔 얼굴 완전 크지.
あいつ超浮気者だよ。やめときなよ。	걔 완전 바랑둥이야. 관 둬.
あいつなんかもう顔も見たくない。	갠 더 이상 꼴도 보기 싫어.
あいつに「てめえー」って言われた。	그 녀석에게 '이 자식'이라는 말 들었어.
あいつのせいですっっげえ恥かいた。	걔 때문에 완전 망신당했어.
あいつの目、まともに見れねえー。	저 녀석 눈, 제대로 볼 수가 없어―.
あいつは口先だけだよ。	걔는 입만 살았어.
あいつ、二股かけてるんだよ。	걔 양다리 걸치고 있어.
あいつ見た目と違ってすきだらけだよ。	쟤 겉보기와는 달리 정말 맹해.
あいつら付き合ってんかな。	쟤네들 사귀는 건가?
相手は社会人のイケメン揃いよ。	상대는 직장인이고 다 잘 생겼어.
あ、おいしそう！ 一口だけくれる？	맛있겠다! 한 입만 줘?
あー、温泉めぐりしたいな。	아―, 온천 순례 하고 싶어.
あ、カキコしてある。	아, 게시판에 글 올라왔네.

あ、今日エクつけてんじゃん！

あー、今日の数学と英語、おわってる。

あ、ごめん。金ないや。近くにして。
朝一で送っとく。

あー、さっぱりした！

朝っぱからスパゲッティはきついだろう。

足しか写ってないじゃない！

明日のテストでいい点取ればいいじゃん。

明日のバイト代わってくんない？

「明日も会おう」だって！

明日6時にちょっと起こして。

あ、しまった！早く帰らなきゃ。

足むちゃくちゃかゆい！

あ、進学なんて聞くとあせっちゃうよね。

焦ってもしょうがない。

あ、そう言われれば、そうかもね。

あ、それって、だめだろ？

あたし、お酒飲めないの。

頭がうすいんだよ。

頭が変になるよ。

新しいの買えば？

当たり！

当たり前じゃん。

あっ、ケータイデコった？

あっ、しくった！

あーっ、ストッキング電線しちゃった！

あっち行け！邪魔だ邪魔だ。

集めてくれるって言ってたじゃん。

아, 오늘 붙임머리 했네.

아, 오늘 수학과 영어, 끝장이네.

아, 미안. 돈이 없어. 가까운 곳으로 해.
아침에 일어나자마자 보낼 게.

아, 개운해!

아침부터 스파게티는 안 넘어가지.

발밖에 안 나왔잖아!

내일 시험 잘 보면 되잖아.

내일 아르바이트 좀 바꿔 줄래?

'내일도 보자' 라는데.

내일 6시에 좀 깨워 줘.

앗, 큰일 났어! 빨리 돌아가야 해.

발 너무 가려워.

아ー, 진학 같은 거 물으면 초조해져.

서둘러도 소용없어.

그렇게 듣고 보니 그런 것도 같아.

아, 그거 안 되잖아?

나 술 못 마셔.

머리가 벗겨져 그런 거야.

머리가 돌겠어.

새로운 걸 사지 그래?

빙고!

당연하잖아.

어, 휴대폰 꾸몄네?

앗, 망했어!

앗! 스타킹 나갔어!

저리 가! 걸리적거려.

모아준다고 했잖아.

あと一息だ。	이제 한 고비만 넘기면 돼.
あなた、作品を賞に出してみない？	너, 작품을 대회에 내보지 않을래?
あなたってマナーもうるさいのね。	너는 매너에도 까다롭군.
あなたのコネを使ってちょうだい。	너의 인맥을 써 줘.
あー、眠くて死にそう。	아ー, 졸려 미치겠어.
あのあま、許さねえ。	나쁜 년 가만두나 봐.
あの嫌な奴が、階段でこけたんだよ。	저 재수 없는 자식이 계단에서 자빠졌어.
あのガリ勉強野郎、マジむかつく！	저 공부벌레 자식, 완전 밥맛 떨어져!
あの子、ゲイなんだって。	쟤 게이래.
あの子は彼にべた惚れだよ。	걔는 그 남자한테 홀딱 반했어.
あのさ、ケータイ変えたんだ。	핸드폰 바꿨어.
あの態度はいただけない。	저 태도는 마뜩찮아.
あー、喉からから。	아ー, 목말라.
あの人さ、俺らとため？	저 사람, 우리 또래야?
あの人ってホント空気読めないよね。	그 사람 정말 분위기 파악 못하는 것 같애.
あの二人ってできてんの？	저 두 사람 사귀니?
あのままじゃ、悔しいからな。	그대로는 분해서 말이지.
あばたもえくぼって言うじゃん。	제 눈에 안경이라잖아.
アポ取れました！	만날 약속이 잡혔어요.
甘ったれだな。	응석받이군.
あまり気乗りしないなあ。	별로 안 땡기는데.
あまり立ち添うな。	너무 다가서지 마.
あら、この前やったって公言したわね。	어머, 요전에 했다고 공식적으로 밝혔어.
あら、どういう風の吹き回し？	어, 무슨 바람이 불었대?
あれ、お通じにチョーいいよ。	그거 배변에 아주 좋아.
あれ？今日塾じゃなかったっけ？	어라? 오늘 학원가는 날 아니었어?
あれ、質屋に入れた。	그거, 전당포에 팔았지.

1 다음 문장들을 괄호 속에 유의하면서 현재 일본 젊은 층들이 사용하는
   간결한 반말체로 日訳을 해 보자.

1. 실은 아침을 먹지 않아 배가 무지 고파. (朝ごはん抜く)

   ⇨

2. 혹시 내가 쏜다고 해서 그런 거야? (おごる)

   ⇨

3. 좋아하는 프로그램이 뭐야? (番組, ～って)

   ⇨

4. 기무라 타구야가 한국 광고에 나온다고 하더라. (キムタク, コマーシャル, ～んだって)

   ⇨

5. 그런 건 쇼핑이라고 하는 게 아니지. (買い物)

   ⇨

6. 괜찮아? 몸조심해! (大事にする)

   ⇨

7. 아, 그래. 도시락 사 와. (弁当)

   ⇨

8. 모처럼 세차했는데. 에잇. (まったく)

   ⇨

9. 어라, 옷 거꾸로 입었어. (逆さまに着てる)

   ⇨

10. 혹시 마마보이야? (マザコン)

   ⇨

11. 어젯밤에 가위눌렸어. (金縛りにあう)

   ⇨

12. 그런데 너 저번에도 물어봤잖아. (～じゃん)

   ⇨

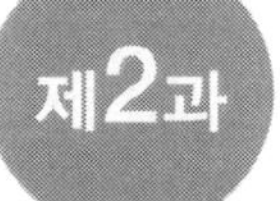 제2과 얘기가 틀리잖아?

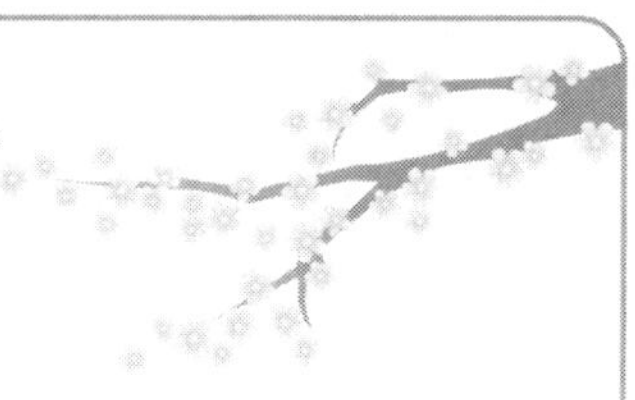

📖 기본문형

1 ~かよ

話が違うじゃねえ<u>かよ</u>。

またかよ。

> 상대방을 나무라는 뉘앙스, 남성어

얘기가 틀리<u>잖아</u>?

또<u>야</u>?

2 ~からって

お金があるからって

忙しいからって

> ~라고 해서(~からといって의 축약)

돈이 있<u>다고 해서</u>

바쁘<u>다고 해서</u>

3 ~こと

まあ、美しいこと。

> ~구나, ~할 것(감탄, 명령)

어머, 예<u>뻐라</u>!

4 ~ことか

なんと早いことか。

> ~했던지, 했는지(반복, 강조), (얼마나)~인가

얼마나 빠른지.

今まで何度たばこをやめようと思ったことか。

지금까지 몇 번이나 담배를 끊으려고 <u>했던지</u>.

この日をどんなに待ち望んでいたことか。

이 날을 얼마나 기<u>다렸던가</u>.

大盛り頼む 곱빼기 시키다　　服逆さまに着る 옷 거꾸로 입다

マザコン 마마보이　　金縛りにあう 가위눌리다

お客さんが見える 손님이 오다　　よく火が通ってない 잘 익지 않다

出席を取る 출석 부르다　　間違い電話かける 전화를 잘못 걸다

化粧のりがいい 화장이 잘 먹다　　クマができた 다크서클이 생겼다

お腹壊した 배탈났다　　胃が持たれる 배탈이 나다

本場の味 본고장의 맛　　おこげ 누룽지

石焼きビビンバ 돌솥비빔밥　　鰻丼 장어덮밥

テンションが高い 기분이 좋다, 의욕이 넘치다　八つ当たり 엉뚱한 곳에 화풀이 함

セフレ 섹스 프렌드　　胸の谷間 가슴골

バイアグラ 비아그라　　デブス 뚱뚱하면서도 못생긴 여자

姉貴 누나　　掏られた(スリにあった) 소매치기 당했다

口当たりがいい 입에 맞아 감칠맛이 나다　レディース料金 레이디 요금

むちむちしてる子 볼륨 있는 애　　時差ぼけ 시차병

オプション 옵션 투어　　エステ 전신 미용　　　リッチ 부자

土壇場に追い込まれる 막다른 곳에 몰리다　死を悼む 죽음을 슬퍼하다

丸薬一つぶ 환약 한 알　　いじけた人 위축된 사람

布団にくるまる 이불을 뒤집어쓰다　　売り物にする 자랑으로 하다

お株を奪う 남의 장기를 가로채다　　痺れをきらす 기다림에 지쳐서 못 견디다

太鼓をたたく 비위를 맞추다　　逆ギレされる 역습당하다

案を突っぱねる 안을 일축하다　　ゆるんでぐずぐずになる 느슨해져 헐렁헐렁해지다

罪を他人に着せる 책임을 남에게 전가하다

あの産婆さんに取り上げてもらった 저 조산원이 받아 주었다

時間を持て余す 시간이 남다　　止めを刺す 결정타를 먹이다

社会の地滑り的変動 사회의 일대 변동　おむつを当てる 기저귀를 채우다

伸びをする 기지개를 켜다　　道を横切る 길을 가로지르다

目玉を食らう 꾸지람을 듣다　　日にちを繰り上げる 날짜를 앞당기다

雪を掻く 눈을 치우다　　ものもらいができる 다래끼가 나다

甘みを抑える 단맛을 줄이다　　目玉焼きを作る 달걀프라이를 하다

売れ行きがいい 날개돋친 듯 팔리다　蒸したタオル 삶은 타월

お届け先 보낼 곳　　差出人 보내는 사람

キャンセル待ち 대기자　　おとなしい柄 수수한 무늬

ぶしつけな行い 무례한 행위　　わけなく勝つ 문제없이 이기다

出前持ち 배달부　　がみがみ言う 앙알거리다

腹拵えをする 배를 채워두다　　ずるを決め込む 농땡이 치다

喧嘩を売る 싸움을 걸다　　有り合わせの食事 있는 그대로 장만한 식사

まかない付きの下宿 식사를 제공하는 하숙　　ネタに笑いをとってる 흉내내며 웃기고 있다

振り込み詐欺 송금 사기　　つっこみ激しい 틈만 나면 참견하려 든다

ボケまくる 바보짓을 반복하다　　母性本能がくすぐられる 모성본능을 일으키다

のろけ始める 사랑타령을 시작하다　　キャッチ 통화중 대기

シャープ # 표시　　強張る 굳어지다

楽屋裏をあばく 내막을 폭로하다　　退っ引きならぬ立場 피할 수 없는 입장

ごちゃごちゃと書き連ねる 글을 지저분하게 써 놓다

素姓は争われないものだ 혈통은 속일 수 없는 것이다　　強盗に開き直る 강도로 돌변하다

黙っているとすぐ付け上がる 가만히 있으면 금방 기어오르다　　僕んち 우리 집

《ア行 2》

あれってコーラしかだめなんだよ。	그거 콜라밖에 안 된대.
あれで大スターとはすさまじい。	그 정도로 대스타라니 기가 막히네.
あれは情けねえよな。	그건 한심해.
あれ変だぞ。	거 이상한데.
アレルギー起こしちゃって。	알레르기가 생겨서.
合わない血液型ってある？	잘 안 맞는 혈액형 있니?
安心して本当の自分でいられるのにね。	안심하고 진정한 자기자신으로 있을 수 있어.
あんたいますごい顔してるよ。	너 지금 얼굴 장난 아니야.
あんたお取り寄せの申し込みもうしてるじゃないの。	너 주문신청 벌써 하고 있잖아?
あんた、客を何だと思ってんだ？	너, 손님을 뭐라고 생각하는 거야?
あんた、ダイエットするって言ってなかったっけ。	너, 다이어트 한다고 하지 않았어?
あんた確か今日も遅刻したら罰金じゃなかったっけ？	너 오늘도 지각하면 벌금 내는 거 아니었어?
あんた超ぶりっこだね。	너 완전 공주병이구나.
あんたちょっと、呑気に遊んでる場合？	너 지금 태평하게 놀고 있을 때야?
あんたって彼いない歴何年だっけ？	너 남자친구 없는지 몇 년이지?
あんたって、ほんとすごいわー。	너 정말 대단해.
あんたなんか最低！	너 따위 최악이야!
あんたの話、全然ぶっちゃけでないよ。	너가 하는 말, 전혀 솔직한 게 아냐.
あんたはいつもそんな調子じゃん。	넌 늘 그런 식이잖아.
あんたは今無茶を言ってるよ。	너 지금 말도 안 되는 소리를 하고 있어.
あんた本当に写真写り悪いね。	너 정말 사진발 안 받네.
あんなプーなんてとっとと別れちゃいなよ。	그런 백수 빨리 차버려.
案の定食いついてきた。	역시나 낚였어.

あんまりおしゃれすると、男に飢えてるって思われない？

너무 멋 부리면 남자한테 굶주렸다고 생각하지 않을까?

あんまりついてたって思い出はないの。

별로 운이 좋았던 추억은 없어.

いい大人がポップコーンこぼしちゃって。

다 큰 어른이 팝콘을 쏟다니.

言い返せよ。

한 마디 해 줘야지.

いいかげんにしろよ。

적당히 좀 해.

いい薬が手に入ったぞ！

좋은 약 구했어!

いい年して恥ずかしくないのかなあ。

저 나이에 창피하지도 않나?

いいね、愛されてー。

좋겠다. 사랑받아서ー.

いいね。パックにしようよ。

좋아. 패키지로 하자.

いいの。私、面食いじゃないから。

괜찮아. 난 얼굴은 별로 안 따지니깐.

いい雰囲気の店ないかなって。

어디 분위기 좋은 데 없을까 하고.

いい夢見てね。チュー。

좋은 꿈꿔. 쪽ー.

言い訳言わないで。

변명하지 마!

いいんじゃないっすかね。

괜찮지 않나요.

家では勉強できんなあ。

집에서는 공부가 안 돼.

意外にガタイいいね。

의외로 몸이 좋네.

いきなり親が入ってきて、すっげーびびった。

갑자기 부모님이 들이닥쳐서 완전 쫄았어.

行くんだな。行くんだぞ。

갈 거지? 가는 거다!

イケてる髪型にしてね。

괜찮은 스타일로 해 줘.

行けば分かるって。

가면 안다니깐.

痛い目にあいたいか？

한번 당해보고 싶어?

痛そう！俺は全部ぬいちゃった。

아프겠다! 나는 전부 뽑아 버렸어.

痛み止め効きはじめてるから平気。

진통제 듣기 시작해서 이젠 괜찮아.

イタ飯食いたくねえか。

이탈리아 음식 먹고 싶지 않니?

一応フリーで行って後でオプションつけようよ。

일단 자유여행으로 가서 나중에 옵션 관광 추가하자.

一か八かはやってみないと分からない！　모인지 도인지 해 보지 않으면 몰라!

一度意地を張ったら絶対聞かないから。　한번 고집을 부리면 절대로 꺾지 않으니까?

一万貸してくれ。　만 엔 빌려 줘.

一回会ってみなよ。　한번 만나 봐.

一生一度のチャンスを棒に振るかと思うと。　일생 한 번의 찬스를 날려버린다고 생각하니.

一緒にいるとマジ疲れる。　같이 있으면 진짜 피곤해.

いっそネットで調べてみれば？　차라리 인터넷으로 알아보지 그래?

言ったたろう？　말했지?

言ったでしょ？ケータイから目放すなって。　말했지? 휴대폰에서 눈 떼지 말라니까.

いつまでも背中向けて生きてんじゃねえよ！　언제까지 하늘에 등 돌리고 살고 있을 거야!

いつも試合の前って気立ってるからさ。　늘 시합 전에는 예민해져 있으니까 말이야.

いつもすねてばかりじゃん。　항상 삐지기만 하고.

今、安定剤を打ってもらって眠ってる。　지금 안정제를 놓아서 잠들었어.

今、いつ勉強しているんだろうって噂してたの。　지금 언제 공부하는 걸까 하고 이야기하고 있었어.

今が一番おいしい時期なんだって。　지금이 제일 맛있는 시기래.

今、キャバ嬢にはまってるんだよ。　요즘 호스티스한테 빠져 있어.

今更言ったってしょうがないでしょ。　이제와서 그런 얘기 해봤자 소용없잖아.

今更かよ。　뒷북치냐.

今すっぴんなの？　지금 쌩얼이야?

今ちょっと手伝ってもらえないかな。　지금 좀 도와줄 수 있니?

今ちょっと電話に出れない。　지금 전화 받기 곤란해.

今の動画を撮っちゃった。　지금 그거 동영상으로 찍었어.

1 다음 문장들을 괄호 속에 유의하면서 현재 일본 젊은 층들이 사용하는
간결한 반말체로 日訳을 해 보자.

1. 아니, 아프고 무지 간지러워. (くすぐったい)

   ⇨

2. 잘됐어. 마침 나도 지금 은행에 가려던 참이야. (～ところ)

   ⇨

3. 응, 요즘 이상하게 피곤하단 말이야. (～なあ)

   ⇨

4. 시험 전이라 좀 무리했지. (～ちゃう)

   ⇨

5. 뭐, 어쩔 수 없지. 조심해서 가. (気をつける)

   ⇨

6. 뭐라고? 그런 의미였어? 우씨! (ムカつく)

   ⇨

7. 어디 아팠니? (~調子わるい)

⇨

8. 하, 어쩌면 좋냐?

⇨

9. 커피 마실래? 응, 마셔 볼까. (~もらう)

⇨

10. 아, 나 뜨거운 거 잘 못 먹어. (猫舌)

⇨

11. 오늘 치과 가는데 좀 무서워. (びびる)

⇨

12. 필름이 끊겨 아무 생각도 안 나는데 어떡하냐고. (~もん)

⇨

먼저 스스로 해보는 것이 상책이다.

~ことだ, ~さ, ~じゃう, ~じゃん

📖 기본문형

1　~ことだ

まず自分でやってみる<u>ことだ</u>。

▌~하는 것이 상책이다, ~해야 한다

먼저 스스로 해 보는 것이 상책이다.

2　~さ

あの<u>さ</u>、ちょっとお願いしていいかな？

▌~란 말이야!(환기), 가벼운 단정, 비난과 항의

저기 <u>말이지</u>, 좀 부탁해도 될까?

そんなことは簡単<u>さ</u>。

그런 일은 간단<u>하지</u>.

これからどうしろと言うの<u>さ</u>？

앞으로 어쩌라는 <u>거야</u>?

3　~じゃう

▌~해 버리다(~でしまう의 축약)

死ん<u>じゃった</u>。

죽어<u>버렸어</u>.

飛ん<u>じゃいました</u>。

날아가 <u>버렸습니다</u>.

4　~じゃん

▌~잖아, ~하지 않니(~じゃない의 회화체)

あんなに言ったのに聞いてない<u>じゃん</u>。

그렇게 말했는데 안 듣고 <u>있잖아</u>.

よかった<u>じゃん</u>！

잘 <u>됐잖아</u>!

昨日話した<u>じゃん</u>。

어제 말했<u>잖아</u>.

ジコチューな性格 자기중심적 성격
生地を寝かせる 반죽을 재우다
くどい 느끼하다
告る 고백하다
メアド(メールアドレス) 메일 주소
とろい 멍청하다
家族割り 가족할인 요금제
元さや 화해하고 다시 사귐
写メ(写真メール) 포토 메일
カチーンとくる 열이 확 받다
むずい(難しい) 어렵다
おっつー(お疲れ様でした) 수고!
温泉めぐり 온천 순례
ひそひそ 소곤소곤
ここだけの話 우리끼리 하는 말
犯人を逃がす 범인을 놓치다
昼飯を抜かす 점심을 거르다
気になる人 신경쓰이는 사람
レス 답글
競り市が開かれる 경매시장이 열리다
寝相が悪い 잠버릇이 나쁘다
電車に乗り遅れる 전철을 놓치다
うたた寝をする 졸다
頬杖をつく 턱을 괴다
固唾を飲む 숨을 죽이다
つまずき倒れる 발에 걸려 넘어지다
詐欺に遭う 사기를 당하다
両思いになる 사랑이 이루어지다
手が上がる 솜씨가 늘다
若者に花を持たせる 젊은이에게 영광을 돌리다

横になりたい 눕고 싶다
社長が追い討ちをかける 사장이 한술 더 뜨다
わりに合わない 수지가 안 맞다
空気読めない 분위기 파악 못하다
ダチ 친구
半端じゃない 보통이 아니다
おひさ 오랜만
非通話 발신자 표시 제한
カンペ(カンニングペーパー) 컨닝페이퍼
かっちょいい(かっこいい) 잘생기다, 멋지다
お互い様 피차일반
髪をもる 머리를 세우다
マック(マクドナルド) 맥도날드
こそこそ 속닥속닥
石の上にも三年 고생 끝에 낙이 오다
二の舞を演ずる 전철을 밟다
景気が思わしくない 경기가 좋지 못하다
気にする人 걱정을 하는 사람
競り合いを展開する 심한 경쟁을 벌이다
大根を千切りにする 무를 채치다
レンジでチンする 전자레인지로 데우다
庭を手入れする 정원을 손질하다
膨れ面をしている 볼멘 얼굴을 하고 있다
役付きの社員 직책을 가진 사람
子供がぐずつく 아이가 칭얼거리다
動物を手なずける 동물을 길들이다
恋心を抱く 사랑을 느끼다
ユーザー名を入力する 사용자의 이름을 입력하다
濡衣を着せられる 누명을 쓰다
羽目をはずす 흥겨운 나머지 지나치다

データベースにアクセスする 데이터베이스에 접속하다

金遣いが荒い 돈 씀씀이가 헤프다　　後回しにする 뒷전으로 미루다

あくを取る 떫은맛을 빼다　　お灸を据える 뜸을 놓다

レモンを搾る 레몬즙을 내다　　乳液をつける 로션을 바르다

点滴をする 링거주사를 맞다　　マウスでカーソルを動かす 마우스로 커서를 움직이다

終電に乗り遅れる 마지막 전철을 놓치다　麻酔が切れる 마취가 깨다

売り上げを伸ばす 매상을 올리다　　ビールを注ぐ 맥주를 따르다

六か国語を使いこなす 6개 국어를 능숙하게 쓰다　山をかける 시험을 찍어놓다

一駅乗り越す 한 정거장 지나쳐 타고 가다　食べ盛り 식욕이 왕성한 시기

将棋をさす 장기를 두다　　乗客が立て込む時 승객이 붐빌 때

おかっぱにする 단발머리로 하다　　ういてる 뜨다, 어울리지 못하다

泣き上戸 술만 마시면 우는 사람　　場をしらけさせる 분위기를 깨다

さむいギャグ 썰렁한 개그　　話に落ちをつける 대화의 결말을 우스갯소리로 끝내다

気の利いた文句 재치 있는 문구　　まずい洒落 서툰 농담

つっこみまくる 계속 파고들다　　見え見えのうそ 뻔한 거짓말

嘆かわしい 통탄스럽다　髪もぼさぼさ、制服はよれよれ 머리도 푸석푸석, 교복은 꾸깃꾸깃

《ア行 3》

今はワーキングプアって言うんだってよ。	요즘은 일하는 빈곤층이라고 해.
今まで正規の値段で買った。	지금까지 정가로 샀어.
今名刺を切らしてて。	지금 명함이 떨어져서.
いや、傷ついた心を癒そうと思ってー。	그게, 상처받은 마음을 달래려고ー.
いや、困ったな。	아, 곤란한데.
いやさ、彼女に殴られて、ひどい目にあったよ。	그게 여자친구에게 얻어맞아서 험한 꼴을 당했어.
いや、そんな急に言われても。	아니, 그런 거 갑자기 물어보면ー.
いやだって言ってるでしょ。	싫다고 했잖아.
いや、タバコ見つかってよ。	응, 그게 담배 들켜서.
いやならいやだってはっきり言いなさいよ！	싫다면 싫다고 확실히 말해요!
嫌なら嫌ってはっきり言いなよ。	싫으면 싫다고 확실히 말해.
イヤになる。就職活動もむずいし。	지긋지긋해. 취업활동도 어렵고.
いや、ファイルが開かないんだよ。	그게 파일이 안 열려.
いや、ぶっちゃけ俺の好みじゃねーよ。	아니, 솔직히 내 스타일은 아니야.
いろいろ食べられていいよね。	여러 가지 먹을 수 있으니깐 좋네.
いろんなものが見えるんだよって。	여러 가지가 보인다고요.
言わなきゃ分かんないわけ？	그걸 꼭 말로 해야 알아듣니?
言われてみれば、エロ顔かも！	듣고 보니 섹시한 얼굴인 것 같기도 해.
インターネットに疎かったから、損したよ。	인터넷을 잘 못해서 손해 봤어.
ううん、これ、実は20%引き。	아니, 이거 사실은 20% 할인이야.
ううん、自己中だけど、スケベじゃないよ。	아니, 좀 이기적이긴 해도 바람둥이는 아냐.
ウサギ年だけど。	토끼띠인데.
うそ。信じられねえな。	정말? 믿을 수 없군.

ウソついてんの見え見え。　거짓말하는 거 다 티나.

うそ！ どんだけえー？　거짓말! 말도 안 돼!

嘘！ ほんと器用だね。　진짜! 정말 손재주 좋네.

うちのクラスで赤点が出るなんて。　우리 반에서 낙제점이 나오다니.

うっとうしいの。　지겨워.

腕一本で生きていくんだろう？　실력 하나로 살아가는 거잖아?

うぬぼれないで！ったく！　잘난 체 하지 마! 정말이지!

うまいもんだね。　잘하네.

売られたケンカは買うぜ。　시비 거는 싸움은 받아들이지?

うるさいって言ってるだろ！　시끄럽다고 했지!

うるせー。てめえーはだまってろ。　시끄러워. 넌 가만있어.

うるせーよ。お前に言われたくねえよ。　시끄러워. 너한테 그런 말 듣고 싶지 않거든.

うわ、狂ってる。俺、我慢できない。　아ー, 너 미쳤구나. 난 못 참아.

うわー、だらしない。　어휴, 한심하군.

うわっ、性格わるっ。　어휴ー, 못됐어 정말!

うわっ！疲れそう。　와! 피곤하겠네.

うわ、ババくさい！　와, 아줌마 같아ー!

うわ、マジで、たまんねー。　우와, 진짜 죽이는데.

うわ、やべー。　우와ー, 위험했구나.

うん、いい感じ。　응, 괜찮아.

うん、一応あいてるけどー。　응, 시간 있긴 한데ー.

うん、がっつり稼がなきゃ。　응, 많이 벌어야 해.

うん、雑誌にインタビューが載ってたよ。　응, 잡지에 인터뷰가 실렸어.

うーん、正直言っていまいち。　음ー, 솔직히 말해서 그저 그래.

うん、でもさ、ホテルでの結婚式って高いよ。　응, 근데 호텔에서 하는 결혼식 비쌀 거야.

うん、得した気分。　응, 이득 보는 기분.

うーん、微妙。前のスタイルがいいんじゃねえか。

음ー, 미묘해. 전에 했던 스타일이 낫지 않니?

うん、フェロモンぷんぷんの素敵な人だったな。　응, 정말 성적 매력이 넘친 사람이었지.

うーん、見つけてみっか。　응, 찾아볼까.

うん、恋愛運絶好調なんだって。　응, 연애운 최상이래.

え、いつものぼけで十分だよ。　넌 늘 흐리멍덩하잖아.

え、誘ってみなよ。　어, 데이트 신청해 봐.

え、知らなかったんだ。　아, 몰랐구나.

え、それって、やばくねえ？　야, 그거 위험하지 않니?

え、そんなの初耳だよ。　아, 처음 듣는 이야긴데.

え、だって、ダチでしょ？　야, 친구잖아.

えっ、おばちゃんくさっ。　에이, 아줌마 같이.

えーっと、何だったっけなあ。　음 뭐였더라?

えっ、なにげに賢いな。　어, 보기보다 은근히 똑똑하네.

え、なんで知ってるの？　헉, 어떻게 알았어?

えー、マジかよ。こわっ！　뭐 정말? 무서워!

エライところに嫁いでしまった！　대단한 곳으로 시집 와 버렸네!

えー！ 私時間にルーズな人ってきらい。　뭐! 난 시간 안 지키는 사람 싫더라.

鉛筆を買っとくなよ。　연필을 사두지 마.

おい、あの子見て。めっちゃかわいいぜ。　야, 저 애 봐봐. 완전 귀여워.

おい、うちの部長、ちょっとエロくないか。　야, 우리 부장 좀 변태 같지 않니?

おい、おい、びっくりさせんなよ。　야야, 놀라게 좀 하지 마.

おい、おめえよ、そこどけよ。邪魔なんだよ。　야, 너 거기 비켜. 방해 돼.

おい、冗談よ。怒んなよ。　야, 농담이야. 화내지 마.

おい、その話は口にも出すな！　야, 그 얘긴 꺼내지도 마!

おい、大事な話してんだから最後まで聞けよ！

야, 중요한 이야기니까 끝까지 좀 들으라고!

おいてけぼりにしないで。　나 두고 가지마.

おい、デートにジャージはないだろ。　야, 데이트에 츄리닝은 너무 하지 않아?

おい、貧乏揺すりすんな。

おい、まじめにやれよ。

おい、やられたよ。

야, 다리 떨지 마.

야, 똑바로 좀 해.

앗, 당했다.

1 다음 문장들을 괄호 속에 유의하면서 현재 일본 젊은 층들이 사용하는
간결한 반말체로 日訳을 해 보자.

1. 뭐야, 아니라니깐. (〜ってば)

   ⇨

2. 오늘 잠깐 놀아줘. (付き合う)

   ⇨

3. 싫어. 네 남자친구한테 해달라고 해. (〜てもらう)

   ⇨

4. 여자친구 때렸다며? 그러지 마. (手出す, 〜んだって)

   ⇨

5. 두 번 다시 그런 알바는 하지 마. (バイト)

   ⇨

6. 어, 머리 길었네. (髪伸びる, 〜なあ)

   ⇨

7. 좀 더 구직활동에 힘써야겠어. (頑張る. 〜なくちゃ)

   ⇨

8. 더러워! 깨끗이 씻어! (〜な)

   ⇨

9. 잘됐네. (〜じゃん)

   ⇨

10. 여자 애들은 싫어한다고 들었는데. (〜ぞ)

    ⇨

11. 다음 달에 결혼한대. (〜んだって)

    ⇨

12. 그런데 어떻게 사귀게 된 거야? (知り合う)

    ⇨

MEMO
NOTE

 자, 뒤를 부탁하네.

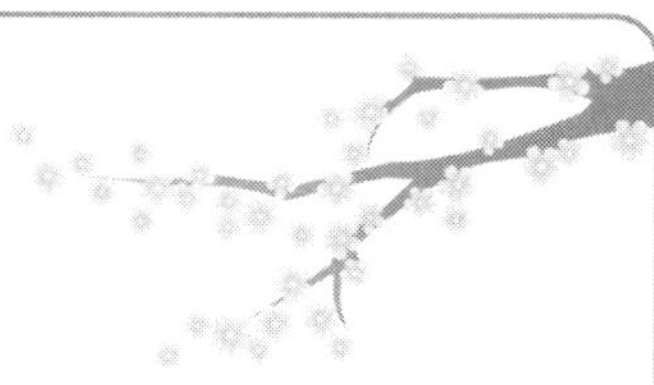

~ぜ, ~ぞ, ~たっけ?, ~たって

기본문형

1 ~ぜ

じゃ後は頼むぜ。

おれがまずやって見るぜ。

| ~하네(남성어, 손아랫사람), ~할테다(가볍게 다짐)

자, 뒤를 부탁하네.

내가 먼저 해 볼게.

2 ~ぞ

負けないぞ。

行くぞ。

| ~할 거야, ~하자(결의, 강한 주장, 남자들의 혼잣말)

안 질 테야.

가자!

3 ~たっけ?

誰でしたっけ？

なんと言ったっけ？

| ~였었지?, ~였었나?

누구였더라?

뭐라고 말했더라?

4 ~たって

私がいなくたっていいじゃないか。

| ~하더라도, ~해도

내가 없어도 되잖아?

ださい 촌스럽다

見積もって先買する 예측하여 미리 사다

人いきれでむんむんする 사람 훈기로 후덥지근하다

一気に和える 단숨에 무치다

ぶん殴る 후려갈기다

相手がいざため口をきく 상대가 너무 편하게 말을 걸어오다

黄色い声 좋아서는 내는 소리　いやだと言わんばかりの顔 당장 싫다고 말할 것 같은 얼굴

厭味を言う 빈정대다

目を晦ます 눈을 속이다

鬼子 부모를 닮지 않은 아이

天下り人事 낙하산 인사

子供に構わぬ母親 아이를 돌보지 않는 어머니　犬を構う 개를 놀리다

除け者にする 따돌리다

気に触れる 기분을 상하게 하다

鼻をほじる 코를 후비다

悪知恵 간사한 꾀

バッテリーなくなる 배터리 나가다

着メロ(着信メロディー) 휴대폰 벨소리

食べあきた 너무 먹어 물렸다

しょぼい 맥 빠지다

きもい 재수 없다

麺は延びる 면은 불다

五十歩百歩 오십보백보

天高く馬こゆる秋 천고마비의 가을

舌足らず 혀 짧은 소리

人情の常 인지상정

願いが届く 소원이 이루어지다

餡を練り直す 팥소를 새로 개다

律儀一点張り 외곬으로 성실하고 정직함

賢しい 영리하다, 약삭빠르다

ため口で話す 반말하다

驚くにはあたらない 놀랄 것까지 없다

半端じゃない 장난 아니다

ダブってしまう 유급되다

酒に目がない 술에 맥을 못 추다

目に物言わす 추파를 던지다

目線 시선

一分のすきもない構え 빈틈없는 자세

継ぎ接ぎの論文 주워대기 논문

ずきずき痛い 욱신욱신 아프다

声がしゃがれる 목이 쉬다

恋に落ちる 사랑에 빠지다

おひさの合コン 오랜만의 미팅

いちゃいちゃする 남녀가 찰싹 붙어 노닥거리다

かったるい(体がだるい) 몸이 나른하다

うざい 짜증나다

ったく(まったく) 정말로, 전혀

七転び八起き 칠전팔기

ちびっ子 어린 꼬마

猫も杓子も 어중이떠중이 모두

仕返し 보복

セレブ 유명인사

寝返りをうつ 자다가 몸을 뒤척이다

守りのご利益 부적의 덕택

悪夢に魘われる 악몽에 가위눌리다

若気の至り 젊은 탓

たむろしている 많은 사람이 모여 있다	船を漕ぐ 꾸벅꾸벅 졸다
虫が好かない 주는 것 없이 밉다	腹の虫が収まらない 치미는 부아를 누를 수 없다
詐欺師だと触れ回る 사기꾼이라고 비방하며 돌아다니다	
咎め立てをする 대고 나무라다	だての眼鏡 멋으로 쓴 안경
髪をとかす 머리를 빗다	埃をはたく 먼지를 털다
あざができる 멍이 들다	むかむかする 메슥거리다
胸ぐらをつかむ 멱살을 잡다	声がかすれる 목이 쉬다
寝返りを打つ 몸을 뒤척이다	大根を卸す 무를 갈다
戸締まりをする 문단속을 하다	水気を取る 물기를 빼다
つけ置き洗いをする 물에 담가두었다가 빨다	水脹れができる 물집이 생기다
小麦粉を練る 밀가루를 반죽하다	アンダーラインを引く 밑줄을 긋다
一枚上手だ 한 수 위다	喉がからからだ 목이 칼칼하다
目薬をさす 안약을 넣다	電気ジャー 전기밥통
学問を衒う 학문이 있는 체 자랑하다	生まじめな青年 지나치게 착실한 청년
舌嘗りをして待ち構える 입맛을 다시며 고대하다	腰掛社員 철새사원　寿退社 결혼퇴사

《ア行 4》

おい、余計なこと言うな！	야! 쓸데없는 말 하지 마!
おう、いいんじゃねえ。	와, 그거 좋잖아.
おうよ。	그래.
大きなお世話だよ。	너나 잘 하세요.
おおざっぱでだらしないじゃん。	엉성하고 칠칠치 못하잖아.
お母さん、いいかげん学習したら？	어머니, 적당히 말씀하시죠?
お金払ったっけ？	돈 지불했던가?
お金を返しさ来た。	돈 갚으러 왔어. (방언, 아오모리)
おかまを掘られないよう気をつけてね。	추돌사고 나지 않게 주의해요.
お客様に対して何だ？ あの言いぐさは？	손님한테 뭐야? 그 말투는?
お客さんの気持、お前、分かってんのか？	손님 마음 너, 알고 있어?
怒ってねーよ。人のこと勝手に言うなっつーの。	화내는 거 아니야. 남의 말 함부로 하지 말란 말이야.
おこんなよ。分かった、分かった。	화내지 마. 알았어, 알았다고.
お刺身には目がないの。	회라면 사족을 못 써.
教えてほしかったら、ランチおごってよ。	알고 싶으면 점심 사.
お互い様だろ！	그건 피차일반이야!
オタ臭充満してるし。	오타쿠 냄새 풀풀 나고.
落ち込むな。人生は七転び八起きだよ！	상심하지 마. 인생은 칠전팔기야!
落ち着くまで私が側にいてあげる。	진정될 때까지 내가 곁에 있어 줄게.
おっす！ おひさ！ 元気？	안녕! 오랜만이야! 잘 지냈니?
おっす。そうしような。	오케이. 그러자.
おっと合点だ。	그래 알았어.
お父さんが、倒産なっちゃって。	아버지가 부도가 나버려서―.

男受けする洋服はたいていださい。　　　　　남자가 좋아하는 옷은 대개 촌스러워.

男の前だと、またチョーうざくなるんだけど。　남자 앞에선 완전 짜증나.

大人に会っても挨拶もしないなんて、基本がなってないね。

어른을 만나도 인사도 안 하다니 기본이 안 돼 있어.

お腹から「グー」という音がして、ばつが悪かった。

배에서 '꼬르륵'하는 소리가 나서 민망했어.

お腹は空いてないけど、口がさびしい。　　배는 안 고픈데 입이 심심해.

お腹ぺこぺこ。食事つきあってよ。　　　　배가 엄청 고파. 식사 먹으러 같이 가.

オーバワークだな！　　　　　　　　　　지나치게 일하는 거야!

おぼえてろよ。　　　　　　　　　　　　두고 보자.

お前、男好きだな。　　　　　　　　　　넌 남자를 너무 밝혀.

お前、顔文字よく使ってんだな。　　　　너 이모티콘 자주 쓰네.

お前から金とったら、何もねえんだよ。　너한텐 돈 빼면 아무것도 없으니까.

お前、シカトしてんじゃねえよ。　　　　너, 내 말 무시하지 마.

お前次第だ。　　　　　　　　　　　　너 하기 나름이야.

お前正気？　　　　　　　　　　　　　제정신이냐?

お前って、ほんとおっぱいフェチだよな。　너 정말 가슴 집착증이구나!

お前って、もう病気だな。　　　　　　너 정말 그거 병이야.

お前、何言ってるかわかんないよ。　　너 뭐라는지 모르겠잖아.

お前なら、どうする？あっちゃう？　　너라면 어떻게 해? 확 붙어?

お前に何が分かる。　　　　　　　　네가 뭘 안다고.

お前のダメ男の条件って何？　　　　네가 생각하는 짜증나는 남자의 조건은 뭐냐?

お前はずいぶんてこずらせるね。　　너는 퍽도 속 썩이구나.

お前、ふざけんなよ！　　　　　　　너 까불지 마!

お前ほどじゃねえよ。　　　　　　　너 정도는 아니지.

お前、マジに怒らせるなよ。　　　　너, 진짜 열 받게 좀 하지 마.

お前も一緒にサボらねえ？　　　　　너도 같이 땡땡이치지 않을래?

お前、もっといい女になれよ。	너 좀 착해져.
お前ら、うぜー。	너희들 재수 없다.
お前ら、まぬけだな。	너희들 참 멍청하다.
お土産にもらったんだけどさ。	선물로 받았어.
思い出しただけでむかつく。	떠올리는 것만으로 짜증나니까.
思い出せそうで思い出せない。	생각이 날듯 말듯 해.
親知らずが痛くて死にそう！	사랑니가 아파서 미치겠어!
おやすいごようだよ。	별일 아닌데 뭐.
お休みいただいても。	휴가 받을 수 있을까요?
お、やるじゃん。	오, 제법인걸.
俺うけみんだから。	나 적극적인 타입이 못 돼.
俺がいないと会社回っていないんじゃねえか。	내가 없어서 회사 안 돌아가는 거 아니야?
俺が何も知らないとでも思ってんのかよ！	내가 아무것도 모를 거라고 생각하는 거야!
俺、気が小さくてさ。	나 소심해서 말이지.
俺今日からはタバコやめることにしたんだ。	나 오늘부터는 담배 안 피기로 했어.
俺、その日はもう予定入ってるんだよね。	나 그 날은 선약이 있어.
俺だって、金貸してほしいよ。	나야말로 누가 돈 빌려 줬으면 좋겠어.
俺的には、クラブの方がいいなー。	개인적으론 나이트가 좋은데.
俺どうかなって思って、俺と付き合わない？	나 어떤가 해서 나랑 사귀지 않을래?
俺にどうしてほしいわけ？	내가 어떻게 해 주길 바래?
俺の仕事で飯食ってるんだろ。	내가 일해서 먹고 사는 거잖아.
俺は絶対負けへんで！	나는 절대 안 져! (방언, 간사이)
俺はぶりっ子はごめんだよ。	난 내숭 떠는 여자 싫어.
俺はぽっちゃりがいいな。	난 통통한 게 좋아.
俺は本当に何も知らないんだってば。	난 정말 아무것도 모른다니까.
俺はマジでやってねえよ。	난 정말 안 했다니까.
俺、まだ終わってねえって。	나, 아직 끝나지 않았다고.

1 다음 문장들을 괄호 속에 유의하면서 현재 일본 젊은 층들이 사용하는
간결한 반말체로 日訳을 해 보자.

1. 진짜 미치겠어! 바이러스 먹었어. (ウイルス, ～ちゃう)

   ⇨

2. 바이러스 대책 세우라고 했잖아. (～じゃん)

   ⇨

3. 네가 전에 부탁했던 CD야. 필요 없어? (シーディー)

   ⇨

4. 앗, 그랬었지. CD 구웠네.

   ⇨

5. 남자가 컴맹이면 별로지 않나? (パソコン音痴)

   ⇨

6. 이거 그냥 글자 깨진 거잖아. (文字化け)

   ⇨

7. 요즘 컴퓨터 상태가 안 좋아서 자주 다운돼. (かたまる)

   ⇨

8. 너 컴퓨터 잘 알지? (詳しい)

   ⇨

9. 아, 이거 뭐지?

   ⇨

10. 아, 자동차 부품이잖아. 나도 갖고 싶었던 건데.(パーツ, ～じゃん)

    ⇨

11. 너랑은 상관없잖아. 그런 말 할 거면 저리 가. (～じゃん)

    ⇨

12. 아니, 아직. 그럼 이제 슬슬 밥 먹고 올게. (～おち)

    ⇨

~だって, ~たろう(だろう), ~ちゃ(じゃ), ~ちゃう

📖 기본문형

1 ~だって

だって、しかたないもん。

私だってそんなことは知ってるよ。

今日の試合は天気が悪いから中止なんだって。

| 그렇지만~ , 왜냐면~(변명, 이유), ~도, ~이래
어째서라니, 어쩔 수 없잖아.

나도 그런 건 알고 있어.

오늘 시합은 날씨가 안 좋아서 중지래.

2 ~たろう(だろう)

昨日、きちんと断ったろう？

| ~했잖아, ~했지

어제 제대로 거절했지?

3 ~ちゃ(じゃ)

そんなに大きな声出しちゃいけないって。

誰にも言っちゃいけません。

飲んじゃいけません。

| ~해서는(~ては의 축약), ~하면

그렇게 큰 소리를 내면 안 된다니까.

아무한테도 말해서는 안 됩니다.

마시면 안 돼요?

4 ~ちゃう

笑っちゃう。

まいっちゃう。

| ~해 버리다(~てしまう의 축약)

웃긴다. 웃기지도 않아.

큰일이네.

鳥肌が立つ 소름이 끼치다
親のすねをかじる 부모의 신세를 지다
出会い系サイト 만남 사이트
マナーモード 진동 모드
ダンディー 멋쟁이
ダダっ子 떼쟁이
うざっ(うざい) 짜증나다
家族連れ 가족 동반
ごくごく飲む 꿀꺽꿀꺽 마시다
ぶっちゃけた話 솔직한 이야기
目が点になる 깜짝 놀라다
おっす 오케이, 안녕
オケる 노래방 가다
不意打ちをくらう 두통수를 맞다
ゲットする 획득하다
花より団子 금강산도 식후경
三日坊主 작심삼일
HN(ハンドルネーム) 닉네임(온라인상)
昇り調子の相場 올라갈 낌새의 시세
思いを焦がす 애태우다
費用が千円浮く 비용이 천 엔 남다
苦杯を喫する 고배를 마시다
ぼったくられる 바가지를 쓰다
責任逃れをする 발뺌을 하다
ご飯をよそう 밥을 푸다
出前を取る 배달시켜 먹다
ソテーにする 버터를 살짝 발라 지지다
一夜漬けをする 벼락치기를 하다
洒落を飛ばす 익살을 떨다
メモる 메모하다

髪を伸ばす 머리를 기르다
ケツから三番目 끝에서 세 번째
ウイルス感染 바이러스 감염
待ち受け画面 핸드폰 배경화면
着うた 착신노래
猫をかぶる 내숭 떨다
愛敬を振り撒く 애교를 떨다
はいはい 어서어서, 자자
ぱしり 꼬봉
ぼっちゃり系 통통한 스타일
バカにされた 무시당했다
グー 굿!
家出 가출
貸してあげる 빌려 주다
目と鼻の先 엎어지면 코 닿을 데
すらっとする 날씬하다
腹八分に医者いらず 적게 먹어야 건강하다
軒並に値上げ 일제히 값을 올림
浅ましい行為 야비한 행위
本物だと見立てる 진짜라고 감정하다
逆風にさらされている 역풍을 맞고 있다
曲がりくねった根性 비뚤어진 근성
足首をくじく 발목을 삐다
足にまめができる 발에 물집이 생기다
ジャーを開ける 밥통을 열다
腹を減らす 배를 굶다
罰金を取られる 벌금을 내다
壁紙を貼る 벽지를 바르다
超むかつく 왕 짜증나다
サラ金 담보없이 대출받는 것

連ドラ 연속극

吹き替え 더빙

アバウトな言葉 대중없는 말

朝イチ電話する 아침 일찍 전화하다

ちゃっちい商品 허접한 상품

テンパり気味 초긴장 상태

上司にぺこぺこしている 상사에게 굽신대고 있다

目から鱗が落ちる 눈이 번쩍 뜨이다

なんちゃってTシャツ 짜가 T셔츠

スレを立てる 리플을 달다

まな板のような胸 절벽가슴

手をつくしてみる 방법을 써 보다

一斉にはがされる 한꺼번에 떼어내다

チンピラにからまれる 깡패에게 걸리다

はったりをかます 허풍 떨다

こっそり見る 훔쳐 보다

勘定の辻褄を合わせる 계산 앞뒤를 맞추다

先例に鑑みて 전례에 비추어

嬉しくて浮かれまくっている 기뻐서 들떠 있다

相場は横ばい 시세는 보합상태

秀才の誉れが高い 수재로 이름이 높다

しっぺ返しが来る 뒤통수 맞을 수 있다

日程が三日ほど浮く 일정이 사흘가량 남다

子供にかまけて 아이에게 뒤치어서

老躯を引っ提げて 노구를 이끌고

天然ボケをかましまくる 엉뚱한 행동을 하다

ぱっとしない現実を紛らわすかのように 뜻대로 되지 않는 현실을 뒤로한 채

様々な出来事に見舞われながらも 여러 가지 사건을 겪으면서도

韓流スターグッズ 한류스타 상품

扱き使われる 혹사당하다

勝手な能書きばかり並べ立てる 제멋대로 자기선전만 늘어놓다

パソコンが古くて、よく固まる 컴퓨터가 낡아서 자주 다운되다

《ア行 5》

俺も一緒！	나도 마찬가지야.
俺を怒らすとマジでヤバイぜ。	나를 화나게 하면 진짜 안 좋아.
俺ん家とあいつん家は桁違いだよ。	우리 집이랑 걔네 집은 비교가 안 돼.
俺んちもこういういやげもの、いくつかあるさ。	우리 집에도 이런 기쁘지도 않은 기념품 몇 갠가 있어.
女だからってなめるんじゃない！	여자라고 얕보는 거 아니야!
女って、気になる男性の前では、直視できないよね。	여자는 좋아하는 남자 앞에서는 똑바로 못 쳐다본다며?
女って、時々面倒だよな。	여자란 가끔 귀찮은 존재야.
女なら来るもの拒まずってタイプなんだって。	여자라면 오는 여자 안 막는다는 타입이래.
女に甘える男やだな。	여자한테 어리광 부리는 남자는 진짜 별로야.
女に手出すなんて、よえーよ。	여자에게 손찌검 하다니, 못난 놈.
女の子ってペット好きだよな。	여자 애들은 애완동물 좋아하지?
女の子のプレゼントはむずいよな。	여자 애들 선물은 어려워.
女の子の前だからってかっこつけんなよ。	여자애 앞이라고 폼 잡지 마.
女の人と手つないで歩いてるの見たよ。	여자랑 손잡고 걸어가는 거 봤어.
オンリだったんじゃないの？	일편단심 아니었어?

《カ行 1》

「飼い犬に手を噛まれる」ってこういうことか。	믿는 도끼에 발등 찍힌다는 게 이런 건가?
買い物上手！	물건 참 잘 사네!
顔赤くなるの見たら図星じゃん。	얼굴 빨개지는 거 보니 맞구만.
顔パンパンだよ。	얼굴이 빵빵해.
かかってこい。	야, 덤벼―.

獲得したんだって！　획득했대!

格安チケットってあったんだね。　싼 티켓이 있었지 뭐야.

駆け引きしないとうまく恋愛できない。　밀고 당기기 하지 않으면 연애를 잘할 수 없지.

家族割りになるじゃん。　가족할인이 되잖아.

形はイマイチだけど、味は自信ありだよ。　모양은 이래도 맛은 자신 있어!

片付けろって言ったのにそのまんまじゃん。　치우라고 했는데 그대로잖아.

価値観があわないんだって。　가치관이 안 맞는데.

かったるい時はマジでしんどい。　몸이 피곤할 땐 진짜 힘들어.

勝手にしろ。　네 마음대로 해.

勝手にすれば？　마음대로 해.

勝手に一人で決めんなよ。　마음대로 혼자서 결정하지 마.

買っても、使うことないじゃん。　사 봤자 쓸 데도 없잖아.

必ず行くって言ったじゃないの。　꼭 간다고 말했잖아.

必ずお父さんにちくってたよ。　반드시 아버지에게 고자질했어.

かなりイタイよねと言われる。　진짜 이상해 라는 말을 들었어.

彼女いるわけじゃないから、別にいいじゃん。　여자친구가 있는 것도 아닌데 뭐 괜찮지 않냐.

彼女が、あの人に告ったんだって。　그녀가 그 사람한테 고백했대.

彼女が、ダブルデートしよってうるせーんだよ。　여자친구가 더블데이트하자고 자꾸 앵앵거려.

彼女って左利き？　여자친구 왼손잡이야?

彼女とうまく行ってんの？　여자친구랑 잘 되어 가?

彼女と喧嘩して、泣く男もいるんだってよ。　여자친구랑 싸우고 우는 녀석도 있다네.

彼女と別れたんだって。　여자친구랑 헤어졌대.

彼女に「あんたくさい」って言われた。　여자친구한테 '너 냄새나'라는 이야기를 들었어.

彼女に車もないってバカにされた。　여자친구한테 차도 없다고 무시당했어.

彼女に似てるって言われた。　여자친구랑 닮았단 얘기 들었어.

彼女のお姉ちゃんバツ一なんだって。　그녀의 언니 이혼녀래.

彼女は彼のことをかわいいと言って譲らない。　그녀는 그를 귀엽다며 뺏길 수 없다나.

彼女、パリの地下鉄で掏られたんだって。　　　여자친구가 파리 지하철에서 소매치기당했대.

が、またしてもツボにはまる個所が現れ、こらえきれずププッ。

그런데 또 다시 참을 수 없이 웃음보가 터지는 부분이 생겨 끝내 참지 못하고 풋풋풋.

髪サラサラじゃん。　　　머릿결 부드럽네.

髪ちょっともってみたけど、どう？　　　머리 좀 세워 봤는데 어때?

髪のセッティングに時間かかっちゃって。　　　머리 세팅하는데 시간이 좀 걸려서.

からかったら反応がおもしろくて、つい。　　　놀리니까 반응이 재밌어서 그만.

からかわないでよ。　　　놀리지 마세요.

軽く行けてる？　　　좀 괜찮아?

彼一途に生きるわ!　　　그의 일편단심으로 살 거야!

彼が好きなら告ってみなよ。　　　그를 좋아하면 고백해 봐.

彼かなり不細工だけど、彼女ベタ惚れだよね。

개 진짜 못 생겼는데 그녀는 완전 빠져있더라.

彼がメアド教えてってだって。　　　그가 메일주소 가르쳐 달라던데.

彼が私に真剣なのが分かったの！　　　그가 날 진심으로 좋아하는 걸 알았어.

彼氏とおそろ？　　　남자친구랑 세트야?

彼氏、暴走族なんだって。　　　남자친구 폭주족이래.

彼って困った人だね。　　　남자친구 정말 골 때리는 사람이야.

彼なんか比べものにならん。　　　그와는 비교가 안 돼.

彼に「お休みコール」しなくっちゃ！　　　남자친구한테 '굿나잇 전화'를 해야 돼.

彼に限ってそんなはずないよ。　　　절대 그가 그럴 리 없어.

彼につかまって、愚痴聞いてたんだよ。　　　그에게 붙잡혀서 신세한탄 들어 줬어.

1 다음 문장들을 괄호 속에 유의하면서 현재 일본 젊은 층들이 사용하는
간결한 반말체로 日訳을 해 보자.

1. 뭐야? 너 진심으로 하는 말이야? (マジ)

   ⇨

2. 부탁해, 네가 좀 해 줘.

   ⇨

3. 어떡하지. 아무래도 안 돼.

   ⇨

4. 내가 해 볼 테니까 좀 비켜 봐. (どく)

   ⇨

5. 싫어. 진짜 재수 없어! (きもい)

   ⇨

6. 뭐? 잘못 알아들었어. (聞き間違う)

   ⇨

7. 와, 딱 보기에도 신경질적으로 보여. (～もん)

   ⇨

8. 투잡이라도 하지 않으면, 먹고 살기 힘들어.(～なきゃ, ダブルワーク)

   ⇨

9. 어떻게든 잘 됐으면 좋겠어. (～てほしい)

   ⇨

10. 요즘 젊은 애들은 안 된다니깐. (若い奴)

    ⇨

11. 음, 나도 어렸었지.

    ⇨

12. 당연하지. 어, 혹시 학점 모자라? (～じゃん, もしかして)

    ⇨

~つうか, ~っこねえ, ~ったら

기본문형

1 ~つうか　　　　　　　　　　~랄까, 그보다

うるさいよ！つうか、ここまですることないだろう？

시끄러! 그보다 이렇게까지 할 거 없잖아?

2 ~っこねえ　　　　　　　　　~일 리가 없지(부정, 남성적인 말투)

あの二人、絶対にうまく行きっこねえって。

저 두 사람, 절대로 잘 될 리가 없다니까.

3 ~ったら　　　　　　　　~로 말할 것 같으면, ~도 말이지, ~도 참

ママったら、ちゃんと話を聞いてみてよ。

엄마도 참-, 제대로 얘기를 들어 봐.

あの子ったら、親の言うことなんかちっとも聞かないんだから。

쟤도 참-, 부모가 말하는 건 조금도 듣지 않는다니까.

飽きっぽい彼女 싫증 잘 내는 그녀
ギャンブルにはまっている 도박에 빠져 있다
数日は持つ 며칠은 괜찮다
うるうるして見えるコンタクト 촉촉해 보이는 콘텍트렌즈
ネットカフェ PC방
アットマーク @(골뱅이)
お言葉に甘えて 호의를 받아들여서
姉さん女房 연상의 아내
ふくれた顔をする 삐친 얼굴을 하다
寂しがり屋 외로움을 많이 타는 사람
俺的には 내 개인적으론, 내 생각엔
類は友を呼ぶ 유유상종
一か八か 모 아니면 도
蛙の子は蛙 부전자전
すずめの涙 쥐꼬리만큼
目くそ鼻くそを笑う 똥 묻은 개가 겨 묻은 개 나무란다
大学デビュー 대학 와서 잘 나가는 학생
社長の名を辱めないように 사장의 이름을 더럽히지 않도록
親の入れ知恵 부모가 일러 준 꾀
手近な例 비근한 예
委員長に祭り上げる 위원장으로 추대하다
傘を開く 우산을 펴다
右折する 우회전하다
賞味期限が切れる 유통기한이 끝나다
かぎかっこで括る 인용어괄호로 묶다
つわりが来る 입덧을 하다
口をゆすぐ 입을 헹구다
歯槽膿漏になる 잇몸에 고름이 차다
ボリュームを落とす 볼륨을 줄이다
きせる乗車する 부정 승차하다

いんちき臭い 사기 냄새가 나다
猫も杓子も 어중이떠중이도
体が持たない 몸이 견디지 못하다
ただの文字化けだ 그냥 글자 깨진 것이다
チャットにはまる 채팅에 빠지다
甘えん坊 어리광쟁이
すねる 삐치다
ドタキャンされる 갑자기 약속이 펑크 나서 바람맞다
面倒くさがり屋 귀차니스트
テンション高い 기분이 업되다
元ヤン 왕년에 놀던 날라리
油を売る 게으름을 피우다
お玉杓子 올챙이
蚤の肝 벼룩의 간
底力のある声 저력 있는 목소리
瓶ビールを開ける 병맥주를 따다
品枯がよくない 품귀 상태가 되다
切手を剥がす 우표를 떼어내다
丸く収める 원만히 수습하다
恩返しをする 은혜를 갚다
仕事が手に負えない 일을 감당할 수 없다
食べ物にうるさい 입맛이 까다롭다
歯茎が腫れる 입몸이 붓다
棚上げになる 보류하다
不渡りを出す 부도를 내다
雰囲気が白ける 분위기가 깨지다

火にあぶる 불에 굽다　　火に通す 불에 익히다
石鹸を泡立てる 비누를 거품내다　　ビデオを早送りする 비디오를 앞으로 돌리다
ビザが下りる 비자가 나오다　　借りを返す 빚을 갚다
首が回らない 빚이 많아 옴짝달싹 못하다　　パン粉をまぶす 빵가루를 묻히다
ひき逃げする 뺑소니를 치다　　ぶつぶつができる 뾰루지가 나다
ばか丁寧なお世辞 지나치게 공손한 인사　　悪知恵をつける 못된 꾀를 주다
息づく 헐떡이다　　居続け 연일 외박
上包み 겉포장　　小突く 쿡 찌르다
友人に託ける 친구에게 전언을 부탁하다　　ズボンが寸詰まりになる 바지가 덜름해지다
番付が上がる 지위가 올라가다　　見掛け倒しの品物 허접한 물건
薮医者にかける 돌팔이 의사에게 치료 받다　　潮がさす 밀물이 들어오다
水が滴る 물방울이 똑똑 떨어지다　　寸法をはかる 치수를 재다
褒美をもらう 포상을 받다　　転居届け 전거 신고
クール便 냉장 택배　　絵文字 이모티콘
理不尽な要求 불합리한 요구　　がむしゃらに勉強する 덮어놓고 공부하다
装いを凝らす 매무새를 다듬다　　審議が大詰めになる 심의가 막판에 이르다
悪あがきをしてもだめだ 발버둥쳐도 소용없다 肉料理のあしらいに 고기 요리의 곁들임으로

《カ行 2》

彼の手品には気をつけろ。	그의 홀림수에는 조심해.
彼はイケメンだって自慢したじゃん。	남자친구는 잘 생겼다고 자랑했잖아.
彼は超ケーワイだわ。	그는 너무 분위기 파악을 못 해.
彼も行くって。	그도 간대.
彼もそうするって言ってた。	그도 그렇게 한다고 했어.
彼、もてもてだよね。	그가 인기 많다 그렇지.
カロリーめちゃとったから、今日からジムする？	칼로리 많이 섭취했으니깐 오늘부터 헬스 할래?
かわいい顔にでかい胸！マジ萌えー！	귀여운 얼굴에 큰 가슴! 완전 뿅 가ㅡ!
かわいいコートがあって買っちまった。	예쁜 코트가 있어서 사 버렸어.
かわいくねー？	예쁘지 않니?
かわいそうで見てらんねえな。	불쌍해서 못 봐주겠어.
代わりにやってよ。	대신 해 줘.
ガンガンいかなきゃ！	적극적으로 나가야지!
韓国人だって嘘つけばいいじゃん。	한국인이라고 거짓말하면 되잖아.
頑張ってね。	파이팅!
頑張ればできんかな。	열심히 하면 될까ㅡ.
聞いてほしいことがあるの。	이야기 좀 들어 줄래.
消えてほしい人っている？	사라져 줬으면 하는 사람 있어?
気があるって勘違いしちゃうよ。	관심이 있다고 착각해 버려.
気がきかないな。	센스가 없어.
気が抜けてぼっとしてる。	긴장이 풀려 멍하니 있어.
機嫌直せよ。	기분 풀어.
聞えねーんかよ。お前だよ、お前。	안 들려? 너야, 너.

基礎練で体作るしかねえんだよ。　　　　　　　기초훈련으로 몸을 만들 수밖에 없어.

きたねーな。また俺が多く払うのかよ。　　　비겁해. 또 내가 많이 내?

気付かなくてごめんなさい。　　　　　　　　알아차리지 못해 미안.

きっと喜ばれるよ。　　　　　　　　　　　　꼭 기뻐하실 거야.

昨日有り金全部使って、衝動買いしちゃった。　어제 있는 돈 전부 충동구매에 써 버렸어.

昨日彼に足踏まれて「邪魔だろ」って逆切れされた。

　　　　　　　　　　　어제 걔가 내 발 밟아놓고는 '방해되잖아'라고 도리어 자기가 화를 내더라구.

昨日の夕食、何を食べたっけ？　　　　　　　어제 저녁은 뭘 먹었지?

昨日はまいったよー！　　　　　　　　　　　어제는 정말 난처했었어―!

昨日昼寝したら夜寝れなくてさ。　　　　　　어제 낮잠 잤더니 밤에 잠이 안 와서.

気のせいじゃない？ なんでハブるの？　　　신경성 아니야? 왜 따돌려?

厳しいもんな。　　　　　　　　　　　　　　엄하지.

決ってるじゃん。　　　　　　　　　　　　　뻔하지 뭐.

決まりだね。　　　　　　　　　　　　　　　거기로 결정하자.

君結構いける口だね。　　　　　　　　　　　너 술 꽤 잘 마시네.

君とは桁が違う。　　　　　　　　　　　　　자네하고는 단수가 틀려.

君の意見を聞かせてもらおうか。　　　　　　자네의 의견을 말해 봐?

君のその態度もむかつく。　　　　　　　　　너의 그 태도도 화가 치밀어.

君のように後先考えない人間が嫌いなんだ。　너처럼 앞뒤를 생각하지 않는 인간을 싫어해.

君も付き合ってんだ。　　　　　　　　　　　너도 사귀고 있구나.

君を怒らせるつもりはなかった。　　　　　　너를 화나게 할 생각은 없었어.

君を見込んで頼んだだけどー。　　　　　　　너를 믿고 부탁한 거야.

きもいよ、ちょっと。　　　　　　　　　　　징그러워.

肝っ玉ちっちぇー奴だな。　　　　　　　　　소심한 녀석이잖아.

ギャグのつもり？ さむいよ。　　　　　　　개그라고 한 거야? 썰렁해.

ぎゃふんと言わしてやれ！　　　　　　　　　기를 팍 꺾어 놔.

今日、俺が出すよ。　　　　　　　　　　　　오늘 내가 낼게.

今日気合い入れてるじゃん。 | 오늘 신경 좀 썼는데!

今日帰国されるとうかがっていたので。 | 오늘 귀국하신다고 들어서.

今日化粧ちょっとけばくない。 | 오늘 화장 너무 진한 거 아냐!

今日さ、時間もらえないかな。 | 오늘 시간 좀 있어?

今日時間ある？ | 오늘 시간 있어?

今日なんか予定入ってる？ | 오늘 다른 스케줄 있어?

今日のランチは俺がおごるよ。 | 오늘 점심은 내가 쏠게.

今日は会えないんだもん。 | 오늘은 못 만난단 말이야.

今日はうちに泊まって行きなよ。 | 오늘은 우리 집에서 자고 가.

今日は、化粧ばっちりだから！ | 오늘은 화장이 잘 됐거든.

今日はついてるな。 | 오늘은 운수가 좋군.

今日は負けないぞ。 | 오늘은 지지 않을 테다.

今日はもう一杯いっちゃおうかな。 | 오늘은 한잔 더 해 볼까?

きれいごと言うな。 | 웃기는 소리 하지 마.

悔いのないようにして。 | 후회하지 않도록 해.

空気読みなよ。 | 분위기 파악을 해.

偶然見ちゃったんだよな。 | 우연히 봤어.

ぐぐってみたら？ | 구글에서 찾아 봐.

ぐずぐずしてるとおいていくよ。 | 어정거리면 놔두고 갈 거야.

くそったれ！ | 빌어먹을 새끼!

くだらねえことばっかだよ！ | 유치한 일뿐이야!

口パクじゃだめかしら？ | 립싱크하면 안 되려나?

くよくよしたっていつか死ぬんだから。 | 끙끙 앓아봤자 언젠가 죽으니까.

くらっときたぜ。 | 뻑 가겠어.

今朝から急に痛み出しちゃってさ。 | 오늘아침부터 갑자기 아프기 시작했어.

ケースバイケースだな。 | 그때 그때 달라.

1 다음 문장들을 괄호 속에 유의하면서 현재 일본 젊은 층들이 사용하는
간결한 반말체로 日訳을 해 보자.

1. 쟤 졸업 못한대. (〜んだって)

   ⇨

2. 축하해. 그럼 오늘은 (내가) 쏠게. (おごってあげる)

   ⇨

3. 시급이 괜찮은 알바 없을까? (〜って)

   ⇨

4. 완전 빠진 후에는 이미 늦으니까 어떡하든 좀 해 봐. (はまる)

   ⇨

5. 알바 면접 갔더니 옛날 여자친구 아버지가 있는 거야. (元カノ)

   ⇨

6. 진짜 조마조마했어. (マジ, 冷や冷やする)

   ⇨

7. 당연히 떨어졌지. (～じゃん)

⇨

8. 어제 사고 났대. (～らしい)

⇨

9. 너는 처세에 능하잖아. 난 서툴러. (世渡り上手だ, 苦手)

⇨

10. 난 평범한 건 싫어. 반드시 출세할 거야. (絶対)

⇨

11. 이런 곳에서 뭐하는 거야?

⇨

12. 시끄러워. 너도 서 있지만 말고 좀 도와! (うるさい)

⇨

 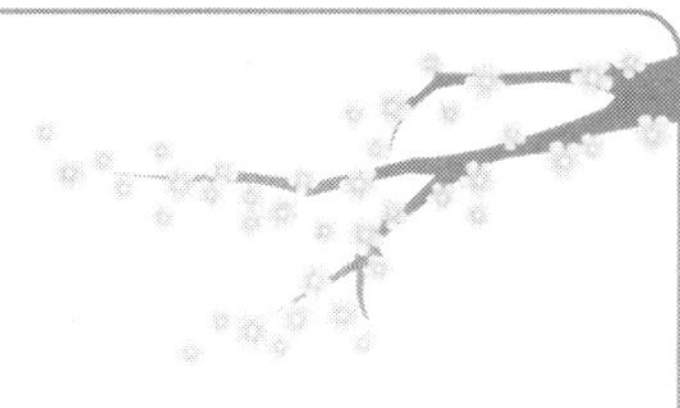

제7과 가지 말래.

~って, ~っていうから, ~って言われる

📖 기본문형

1 ~って   ~라고(인용), ~라는 것은, ~면서, ~고 해도, ~고 말을 물어오더라도, ~래(傳聞),
~ 뭐라구요, ~ 라고 했어(하지 않는다), ~ 라니까

行くなってさ。	가지 말래.
銀座っていい所ね。	긴자란 좋은 곳이네.
かわいそうなことは惚れたってことよ。	가엾다는 것은 반했다는 뜻이야.
いなか者だからってばかにするな。	시골뜨기라고 해서 업신여기지 마.
今行ったって間に合わないよ。	이제 간댔자 이미 늦었어.
あしたは雨だってさ。	내일은 비가 온다더라.
あの映画、おもしろいって。	저 영화 재미있대.
えっ！死んだって。	뭐! 죽었다구요?
だれが行くかって。	누가 간대. (가지 않는다)
心配するなって！	걱정하지 말라니까!

2 ~っていうから   ~라고 하니까

おいしいっていうから買ってみた。	맛있다고 해서 사 봤어.

3 ~って言われる   ~라고 듣다

割引はできないって言われました。	할인은 안 된다고 들었어요.

腕ずくでも 완력다짐을 써서라도

手を振りほどく 손을 빼치다

まともな人 건실한 사람

とてつもない値段 말도 안 되는 가격

半ばパニックになる 반쯤 정신이 나가다

中学生をかつあげする 중학생에게 돈을 뜯어내다

電源おとす 컴퓨터를 끄다

いちゃつく(いちゃいちゃする) 시시덕거리다

手をつなぐ 손을 잡다

路チュー 길거리에서 하는 키스

うつになる 우울증에 걸리다

神経太い 신경이 둔하다

イケてる 멋있다

うざい 귀찮다

うざばば 시끄럽고 말 많은 아줌마

地雷 분위기 깨는 사람

浮いてる 뜨다, 소외되다

タチノミスト 서서 술 먹는 사람

逆ナン 여자가 남자에게 작업을 거는 것

デートに誘う 데이트 신청하다

ガンガンいく 적극적으로 일하다

つぼにはまる 배꼽 빠지게 웃기

階段でこける 계단에서 넘어지다

ブサイケ 못생겼지만 매력 있는 남자

面くい 잘생긴 사람만 좋아하는 사람

ノープロ 문제없다

まかしとく(まかしておく) 맡겨 두다

がっつり 확실히, 실컷, 많이

事故る 사고 치다

ガタイいい 몸 좋다

ジム 체육관, 헬스장

やさマッチョ 약간 마른 근육질

いやげもの(いやなお土産) 받아도 기쁘지 않은 기념선물

へぼい 약하다, 이상하다

キーホルダー 열쇠고리

デコる(デコレーションする) 장식하다, 소지품을 꾸미다　デコ電 예쁘게 장식한 핸드폰

ため 동갑, 또래

ため口 반말

フケメン 늙어 보이는 얼굴

イケメン 잘 생긴 남자

アピる 어필하다

メモる 메모하다

モタモタ 우물쭈물

辞書をめくる 사전을 뒤지다

産後のケアをする 산후조리를 하다

暮らしを立てる 살림을 꾸미다

相談に乗る 상담에 응하다

丸くなって寝る 새우잠을 자다

割り込みをする 새치기를 하다

色落ちする 색깔이 빠지다

魚の身をほぐす 생선살을 바르다

魚を煮込む 생선을 조리다

書類をとじる 서류를 철하다

棚に上げる 선반에 올리다

先生に言いつける 선생님께 일러바치다

お年玉をもらう 세뱃돈을 받다

借家に入る 셋집에 들어가다

すりに遭う 소매치기를 당하다

噂を広める 소문을 퍼뜨리다　　ざるですくう 소쿠리로 건지다

突き指になる 손가락을 삐다　　指折り数えて待つ 손꼽아 기다리다

生き埋めになる 생매장이 되다　　荒んだ世相 거칠은 세태

健やかな精神 건전한 정신　　紳士づらをする 신사연 하다

縒りをもどす 남녀가 다시 합치다　　閃きのある文章 재치가 넘치는 문장

片手落ちの仲裁 편파적인 중재　　見掛け倒しの料理 보기만 그럴 듯한 요리

がめつい 악착스럽다　　肩書きを振り回す 직함을 너무 내세우다

お茶をにごす 어물어물해서 넘기다　　けちが付く 마가 끼다

小暗い 어둑하다　　小気味がよい 고소하다, 속이 시원하다

小ぜわしい 일없이 분주하다　　こせこせする 곰살스럽게 굴다

小面憎い奴 얄미운 녀석　　声をかけまくっている 계속해서 말을 걸다

エンタメ情報通 연예계 정보통　　荒れ気味 신경질적

渋滞ではまってしまう 차가 막혀 꼼짝달싹 못하게 되다　　しょぼい車 시원찮은 차

ガタガタぬかす 쓸데없이 지껄이다　　下ネタ 야한 이야기

むっつりスケベ 매우 음탕한 사람　　小難しい理屈をこねる 까다로운 이치만 따지다

左派に鞍替えする 좌파로 전신하다

火事場のどさくさに紛れに 화재현장의 혼잡한 틈을 타서

店を居抜きで売る 가게를 모두 껴서 팔다

責任を人におっかぶせる 책임을 남에게 뒤집어씌우다

鼠がごそごそやっている 쥐가 바스락거리고 있다　　ブサイケ 못 생겼지만 매력은 있는 것

《カ行 3》

月九で主役に選ばれると、スターの証拠なんだって。

게츠쿠(월요일 9시 드라마)에 주역으로 선정되면 스타로서 인정받는 증거래!

喧嘩売ってるわけ？	시비 거는 거야?
喧嘩してえのか。	한번 붙고 싶어?
現金で払うから、まけてよね!	현금으로 낼 터니 깎아주세요!
原稿できてんの？	원고 다 됐어?
現地係員に聞いてみたら？	현지 담당자한테 물어보는 게 어때?
恋って疲れるわ！	연애는 피곤해.
こう言っちゃ悪いけど、それ、安もんだよ。	이런 말하긴 뭣하지만 그거 싸구려야.
高校生のスカートって、短いよな。	여고생들 치마가 짧아. 그렇지?
こうしてお茶を飲んでいるとほっこりするねえ。	
	이렇게 차를 마시면 마음이 넉넉해 진다니깐.
こうっと、どうしようかな。	자 이거, 어쩐다지.
合コンした男の電話番号ゲットした？	미팅한 남자 전화번호 땄어?
合コンで飲んでたら、私、つぶれちゃったの。	미팅에서 완전 엉망으로 취해 버렸지 뭐야.
ここじゃ、マズイから言ってんだろ。頭わりいーな。	
	여기서는 곤란하다고 했잖아. 머리 나쁘긴.
ここ全然拭けてないだろ。	여기 전혀 안 닦였잖아.
小言はもうそれくらいにしてよ!	잔소리 그만 좀 해!
ここら辺にうまい店ないかな。	이 근처에 맛집 없나?
ここんとこバイトしてなくて無一文なの。	요즘 알바 안 해서 돈 한 푼도 없어.
ここんとこ働きすぎてくたくた。	요즘 과로했더니 너무 힘들어.
ごちゃごちゃ口出ししないでよ。	너저분하게 말참견하지 마.
こっちから願い下げだっつうの。	내 쪽도 사절이야.

こっちの道で合ってる？　이쪽 길이 맞나?

こってるねー。はまりすぎるとよくないよ。　푹 빠졌구나. 너무 빠지면 안 좋아.

今年も俺が担任だけど、よろしくな！　올해도 내가 담임인데 잘 부탁해!

子供じゃないのだからわがままを言わないの。　애도 아니니까 억지부리는 거 아니야.

子供の頃の夢って何だった？　어릴 적 꿈이 뭐였어?

こないだ貸してあげたノート、持って来てくれた？　요전에 빌려준 노트 갖고 왔어?

こないだ、タバコやめるって言ったじゃん。　요전에 담배 끊는다고 했잖아.

この間の女に、かもにされた。　요전에 만났던 여자한테 이용당했어.

この金額で行かなかったら、一生行けないよ。　이 가격에 할 수 없다면 평생 못 살 거야.

この頃さ、あたしの彼ちょっと変なの。　요새 말이야, 내 남자친구가 좀 이상해.

このジーパンだめだ。　이 청바지 안 되겠어.

この女優、美容整形したみたいだよね。　이 여배우 성형수술 한 것 같지?

このデザイン、思ったよりはあんまりだね。　이 디자인, 생각보단 별로네.

この話いけるかな。　이 이야기 먹힐까?

この服、エロかわいくて、ほしいんだけどー。　이 옷 섹시하고 예뻐서 사고 싶은데.

この本で覚えた言葉を、そっこう使ってみて。　이 책에서 기억한 단어를 당장 사용해 봐.

この前、ナンパされた男から、リングもらったよ。　요전에 헌팅당한 남자한테서 반지 받았어.

この前、ムカついてさ。　일전에 완전 열 받았어.

この店なんかしょぼいけど、他に空いてるとこないし、しょうがないっか。
　이 가게 왠지 초라하지만 달리 자리도 없고 어쩔 수 없지.

この野郎、死にてえのか！　이 녀석, 죽고 싶냐!

この世にはお金よりも大切なことがあるって。　이 세상에는 돈보다도 소중한 것이 있다는 것을.

ご飯おごってね。　밥 사.

コーヒー飲みてえ。　커피 마시고 싶어.

500円貸して。　500엔 빌려 줘.

ごまかさないで！　둘러대려고 하지 마!

米がつぶれる。　밥알이 뭉그러져.

ごめん、今携帯電池切れたの。	미안, 지금 핸드폰 배터리가 나갔어.
ごめんって言ったじゃん。	미안하다고 했잖아.
ごめんねってば。	미안하다니깐―.
ごめん、僕に言ってたんだね。	미안, 내게 말했었지?
ごめん、忘れて。	미안, 잊어버려.
こらっ、何が可笑しいっ？	이 녀석, 뭐가 이상한가?
こら、どこ見てんの。エッチ！	야, 어딜 보는 거야? 변태!
これ、明らかに口パクだよね。	이거, 완전히 립싱크네.
これ、うまそうや！	이거 맛있겠는네!(방언, 하카다)
これ、お金貯めてやっと買ったんだよ。	이거 돈 모아서 겨우 샀어.
これ、終わらせるのに丸一日かかったよ。	이거 끝내는 데 꼬박 하루 걸렸어.
これからが本番なのに。	이제부터가 재밌는데.
これからさ、二人で頑張ろうよ。な？	앞으로는 둘이서 힘내는 거야. 알았지?
これ全部ばったもんってところがすごいよね。	이게 전부 짝퉁이라니 대단하군.
これって生まれもったものだから、どうにもならない。	이거 천성이라서 어떻게 해도 안 돼.
これっぽっちも嬉しくないよ。	요만큼도 기쁘지 않아.
これは夢じゃないんだって。	이건 꿈이 아니구나 하고.
これ渡ったら、きっと終りだよ。	이거 주면 끝장이야.
怖がりの人のことをびびりって言ったりするよ。	겁 많은 사람을 비비리라고 하기도 해.
5割引だったんだ。	50% 할인이었거든.
今回だけどうにかならないかな。	이번만 어떻게 안 될까.
今月はもう月給使い果たしちゃった。	이번 달은 벌써 월급 다 써 버렸어.
今度こそ、男ゲットしなきゃ。	이번에야말로 꼭 남자친구를 만들어야지.
今度は一括で買ったよ。	이번엔 일시불로 샀어.
こんなことで泣くもんか。	이런 일로 울 거 같아.
こんなことをするなんて、ずいぶんじゃない。	이런 짓을 하다니, 너무 하잖아.

こんな時ぐらい、励ませよ！　　　　　　　　이럴 때만이라도 좀 위로해 주라.

こんなに肌きれいなのに便秘なわけないじゃん。　이렇게 피부가 고운데 변비일 리가 없잖아.

こんなべた話で泣くなんて、みんな涙腺ゆる過ぎだよ。

　　　　　　　이런 뻔한 이야기에 울다니 모두 눈물이 너무 많은 거 아네요.

こんな安月給で働けるか。　　　　　　　어디 이런 싼 월급에 일하겠어!

1 다음 문장들을 괄호 속에 유의하면서 현재 일본 젊은 층들이 사용하는
간결한 반말체로 日訳을 해 보자.

1. 배낭여행 가고 싶은데, 아직 모르겠어. (貧乏旅行)

   ⇨

2. 뭐 마실 것 있어? (飲み物)

   ⇨

3. 이번 달도 생활비가 빠듯해. (ぎりぎり)

   ⇨

4. 정말 운이 없어. (ついてない)

   ⇨

5. 왜 화내고 있어? (怒る)

   ⇨

6. 너 차 샀다며? (～んだって)

   ⇨

7. 뭐, 그것도 국물이 진해서 맛있지. (こってり)

⇨

8. 빨리 하고 빨리 집에 가자! (さっさと)

⇨

9. 바쁘면 먼저 가.

⇨

10. 오, 산뜻하니 멋진 걸. (すっきりする, ～じゃん)

⇨

11. 어이, 내 이야기 잘 듣고 있는 거야? (ちゃんと)

⇨

12. 앗, 미안. 뭐라고 했지?

⇨

MEMO
NOTE

 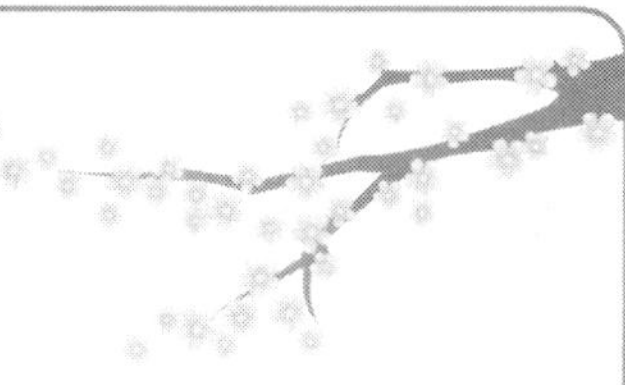

제8과 데빗카드가 뭐예요?

~って何ですか？，～ってば！，～でしょ？，～てた

📖 기본문형

1 ～って何ですか？

デビッドカードって何ですか。

| ～가 뭐예요?

데빗카드가 뭐예요?

2 ～ってば！

分かったってば！

もういいってば！

本当だってば。

| ～라니까!(안타까움을 호소)

알았다니까!

이제 됐다니까!

진짜라니깐!

3 ～でしょ？

これ、いいでしょ。

| ～지? (반말)

이거 좋지.

4 ～てた

そう言ってた。

心配してた。

| ～하고 있었다(～ていた의 축약)

그렇게 말했었어.

걱정하고 있었어.

立ち竦む 움쭉 못하다

拾い読みをする 골라서 읽다

よかれあしかれ 잘 됐든 못 됐든

当てにならない人 믿을 수 없는 사람

当てにできない 신용할 수 없다

印刷機の狂いで化けが出る 인쇄기의 고장으로 잘못된 것이 나오다

一番列車に乗る 첫 열차를 타다

スリップ状態にある間 잠복기 중

注文が通っている 주문이 나오다

停学をくらう 정학을 먹다

つうか(っていうか) 그건 그렇고, 그보다

肌荒れる 피부가 거칠다

財布をとられた 지갑을 소매치기 당했다

ただじゃおかない 그냥 두지 않겠다

卒業までこぎつけた 졸업하기에 이르렀다

とちる 실수하다

ちょろい 간단하다

とりま 우선

干物女 귀차니즘의 젊은 여성

ジャージ 운동복

ださい 촌스럽다

うけみん 연애에 소극적인 사람

キャラ 캐릭터, 성격

ぎってる 개기름 흐르다

テカる 번들거리다

あぶらとり紙 기름종이

知ったかする 아는 척하다

中食 가볍게 테이크아웃한 음식

ファミレス 패밀리 레스토랑

片想い 짝사랑

日割りでもらう 일당으로 받다

請け合って返済させる 책임지고 갚게 하다

追い風に乗る 순풍을 타다

目が落ち込む 눈자위가 우묵해지다

洋服を誂える 양복을 맞추다

手数をかける 수고를 끼치다

手当てを受ける 수당을 받다

蛇口をひねる 수도꼭지를 틀다

手数料を払う 수수료를 물다

そろばんが合う 수지가 맞다

お酌をする 술을 따르다

息切れがする 숨이 차다

暇潰しをする 시간을 때우다

ほうれん草をゆがく 시금치를 데치다

時差ぼけする 시차적응이 안 되다

白を切る 시치미를 떼다

シーツをはぐ 시트를 벗기다

お使いに行く 심부름을 가다

米を研ぐ 쌀을 씻다

喧嘩を売る 싸움을 걸다

しぶとい人間 고집이 센 인간

おどおどした態度 겁먹은 태도

血をだらだらと流す 피를 줄줄 흘리다

気性が激しい 천성이 괄괄하다

物差しを宛てる 자를 대고 재다

成功を危ぶむ 성공을 의심하다

手のひらを覆す 손바닥을 뒤집다

病気がこじれる 병이 더치다

流行が廃れる 유행이 지나가다
代金を立て替える 대금을 입체하다
社長に奉る 사장으로 받들다
財政を司る 재정을 담당하다
部長に取り立てられる 부장으로 발탁되다
事業につまずく 사업에 실패하다
返す返す頼む 거듭 부탁하다
ひねた胡瓜 묵은 오이
年寄染みる 늙은이 같이 보이다
プロ野球の常連 프로야구의 팬
高が知れている 뻔한 일이다
ほのじろい 희뿌연하다
プルンプルン肌 탱글탱글 피부
化粧ばえのする顔 화장발 받는 얼굴
横滑り発令 자리바꿈 발령
野菜がぐずぐずになる 채소가 흐물흐물해지다

目を反らす 눈을 딴 데로 돌리다
神にお供えを奉る 신에게 제물을 바치다
服地が縮まる 옷감이 줄어들다
税金を取り立てる 세금을 징수하다
かぎかっこ 갈고리 모양의 괄호
四十がらみの男 40살가량의 사나이
捻った問題 색다른 문제
意地悪く仕向ける 짓궂게 대하다
本腰をすえる 본격적인 채비를 갖추다
高を括る 하찮게 보다
立ち暗み 일어섰을 때 느끼는 현기증
ダサイ男 촌스러운 남자
シカトする 무시하다
ミーハーな彼女 열혈 팬인 그녀
何でも早合点する 무엇이든 지레짐작하다
内容を短く締めくくる 내용을 간단히 매듭짓다

《サ行 1》

最近気を抜いたら体重増えちゃってさ。	요즘 방심했더니 체중이 불어버렸어.
最近、どきどきしてないなー。	요즘 가슴 떨리는 일이 없어.
最近、なんかすげえたりいな。	요즘 왠지 만사가 귀찮고 나른해.
最近、ばばシャツと言えどもあなどれないわね。	요즘 내복 깔보면 안 된다니깐.
最近太ったもんな。	요새 살찌긴 했어.
作業中も気が散ってしょうがないよ。	작업 중에도 집중이 안 돼서 곤란하다니까.
酒癖どうにかしなよ。	술버릇 어떻게 좀 해.
酒癖悪い人っているよね。	술버릇 나쁜 사람들이 꼭 있어.
支えてあげられる。	힘이 되어 줄 수 있어.
さすが、かっちょいい！	역시 멋져!
幸薄い顔だよね。	빈티 나는 얼굴이지.
さっきのことでまだすねてんの？	아까 일로 아직 삐쳤니?
寂しい時だって、同じ気持でいたい。	쓸쓸할 때도 같은 마음으로 있고 싶어.
さぶっ！	추워!
ざるなんだよ。	술고래야.
3ケ国語も話せるんだって。	3개 국어를 한대.
残念だけど、また今度誘って。	아쉽지만 다음에 또 불러줘.
試合ができて幸せだなって。	시합을 할 수 있어서 행복하다고 말이야.
しかもバツいちよ。	게다가 이혼녀!
時間あったら、お茶しない？	시간 있으면 차 마시지 않을래?
仕事は遊びじゃないんだぞ。	일하는 건 노는 게 아니야.
仕事もクビになっちゃったし、もうお先真っ暗！	직장에서도 짤렸고 이제 앞날이 캄캄해.
試食品全部食って腹いっぱいにしてて、びっくりだぜ。	시식을 전부하고 배를 채우는 거야. 깜짝 놀랐어.

舌足らずなしゃべり方どうにかして。　혀 짧은 소리 어떻게 좀 해.

しないって。　안 한다니까.

死にたい？　죽고 싶어?

自腹かよ！　俺は嫌だね。　본인 부담이야! 난 싫어.

しばらくの間そっとしといてくれる？　잠시 혼자 좀 놔둬 줄래?

自分が在日だって忘れなくて済むし。　내가 재일한국인이라는 거 잊지 않아도 되고.

自分で言い出したことながら、なぜかちょっとむかつく。
자신이 그렇게 하자고 했지만 왠지 화가 나.

自分で自分が情けないよ。　내 자신이 한심해.

自分でパパんとこ行きたいって言ってくれたんだって？
스스로 아빠한테 가고 싶다고 말했다면서?

自分のことは自分で何とかしろ。　자기 일은 자신이 어떻게든 해.

自分へのご褒美に買っただけ。　자신에게 주는 상으로 샀을 뿐이야.

自分を捨てたんだって。　자신을 버렸다고 하더구나.

締め切りの日にち間違えてたなんて、こんなのってあり？
마감 날짜를 잘못 알고 있었다니 이게 말이 돼?

じゃあ、お前やれば？　그럼 너가 하지?

じゃあ、俺のプライドにかけて誓うよ。　내 프라이드를 걸고 맹세해.

じゃあ、彼氏にもたせてみ！　그럼 남자친구한테도 갖고 다니게 해 봐!

じゃあ、他のにする？　그럼 다른 걸로 할래?

じゃあ、三つ星だね。決まり！　자, 그러면 별 3개짜리로 결정이다!

じゃ、忙しいんだからさっさと言えよ。　그럼 바쁘니까 빨리 좀 말해.

じゃ、お言葉に甘えて。　그렇게까지 말한다면 하지 뭐.

じゃ、このまま今日はふけるか。　그럼 오늘은 땡땡이칠래?

じゃ、これは半分こしよう。　그럼 이것 반씩 부담하자.

洒落たことをぬかすな。　건방진 소리 하지 마.

じゃんけんで後だしするなんてずるい。　가위바위보에서 늦게 내다니 비겁해.

手術も終わったんだし、さっさと退院させてよね。

수술도 끝났으니까 빨리 퇴원시켜 줘.

紹介してる子がマジかっこいいっていうから期待してたのに。

소개한 애가 정말 잘생겼다고 해서 기대했었는데.

しょうがねえな。

어쩔 수 없군.

証拠があるんだぞ！

증거가 있어!

冗談じゃない。

말도 안 돼.

冗談だよ。わりい、わりい。

농담이야. 미안, 미안.

冗談は顔だけにしてくれよ。

제발 농담 좀 그만해라.

冗談もいい加減にしろ！

농담도 적당히 해!

女性が言われて嬉しい殺し文句は何？

여성이 들어서 기쁜 결정적인 말은 뭐야?

女性の好みにもうるさいんだ。

여성 취향도 까다로워.

所詮他人事だよ。気にしないで。

어차피 남의 일이야. 신경 쓰지 마.

じらさないで今言えよ。

뜸들이지 말고 지금 말해.

知らないんだー。

모르는구나.

人生なめてんだ。

인생 깔보고 있어.

心臓はどんな名医も裏切るって。

심장은 어떤 명의라도 배신한다고.

死んでいくのが余計つらいじゃん。

죽는 게 더 힘들잖아.

しんどいよなー。

아 힘들어.

心配すんな。俺に任しとけって！

걱정 마. 나한테 맡기라니깐!

好きに使え！

좋을 대로 사용해!

すげえ、俺にもちょっと教えて。

대단해, 나도 좀 가르쳐 줘.

すげー。どのくらい勉強した？

굉장하다. 얼마나 공부했어?

すごい開き直りだ。

말 돌리기도 잘 하네.

すごく高かったから、分割で買った。

너무 비싸서 할부로 샀어.

1 다음 문장들을 괄호 속에 유의하면서 현재 일본 젊은 층들이 사용하는 간결한 반말체로 日訳을 해 보자.

1. 왜 그래? 오늘 멍하니 있어. (ぼっとする)

    ⇨

2. 아, 그랬구나.

    ⇨

3. 아직 그런 관계는 아니야. (〜ないって)

    ⇨

4. 커피 줄까? (コーヒーを入れる)

    ⇨

5. 혼자서 뭘 투덜거리는 거야? (ぶつぶつ)

    ⇨

6. 정말이지, 열 받아서. (むかつく)

    ⇨

7. 더위 타는 거 아냐? (夏ばて)

   ⇨

8. 아니, 안 그래.

   ⇨

9. 마침 잘 됐다. 지금 미팅하는데 안 올래? (合コン)

   ⇨

10. 몰라. 코가 간질간질 해. (むずむず)

    ⇨

11. 아—, 하와이라도 가서 느긋하게 쉬고 싶어. (のんびり)

    ⇨

12. 그 옷 좀 촌스럽지 않아? (ださい)

    ⇨

제9과 잊어서는 안 돼.

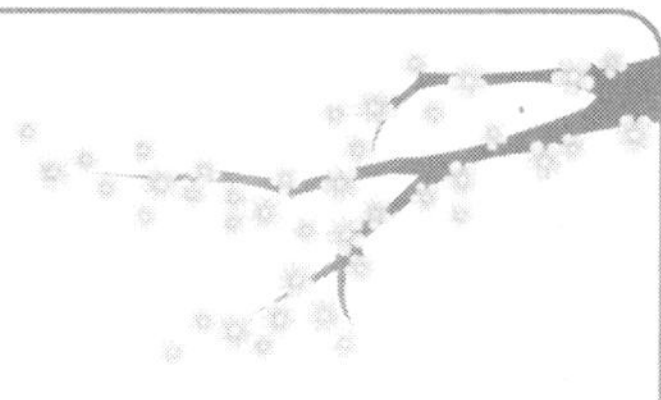

~てはだめだ, ~てん, ~てんでしょっ, ~とか

📖 기본문형

1 ~てはだめだ　　　　　　　　| ~해서는 안 된다

忘(わす)れてはだめだ。　　　　　잊어서는 안 돼.

2 ~てん　　　　　　　　　　　| ~하고 있다

さっきから何(なにかんが)考えてんの？　　아까부터 뭘 생각하고 있니?

3 ~てんでしょっ　　　　　　　| ~하고 있겠지

いまご飯(はんた)を食べてんでしょっ。　지금 밥을 먹고 있겠지.

4 ~とか　　　　　　　　　　　| ~라던데(傳聞, 불확실한 느낌)

北海道(ほっかいどう)はきのう大雪(おおゆき)だったとか。　홋카이도는 어제 큰 눈이 내렸다던데.

また公共料金(こうきょうりょうきん)が上(あ)がるとか。　또 공공요금이 오른다던데.

ミキサーでつぶす 믹서기로 갈다
すきっ腹に飲む 빈속에 술을 마시다
目が座ってくる 눈이 풀리다
貧乏旅行 배낭여행
生活費ぎりぎりだ 생활비가 빠듯하다
こつこつ貯める 부지런히 돈 모으다
やらかす 저지르다
つぶれる 엉망으로 취하다
今日のおすすめ 오늘의 추천 요리
チャリ(ちゃりんこ) 자전거
カラーを入れる 염색하다
ハブる 따돌리다
ガタイがいい 몸이 좋다
どんまい 신경 쓰지 마
うなぎのぼりの出世 순조로운 출세
煙で霞む 연기로 흐릿하다
山をかける 투기를 하다, 요행수를 노리다
ぶかぶかなズボン 헐렁헐렁한 바지
米を研ぐ 쌀을 씻다
ばてる 지치다, 기진하다
胸に一物ある人 맘속에 계략을 품은 사람
追っかけをする 연예인을 쫓아다니다
穴場スポット 숨은 명소
長所を認めるに吝かでない 장점을 인정하는데 인색하지 않다
呼び鈴の疣 초인종의 단추
尻尾をつかまれる 꼬리가 밝히다
政策に混乱を起こしている 정책에 혼선을 빚고 있다
国会審議が滞っている 국회심의가 파행으로 치닫고 있다
汚名をそそぐ 누명을 벗다
下位に低迷している 하위를 면치 못하고 있다

お椀にご飯をよそう 밥그릇에 밥을 퍼다
悪酔いする 고약하게 취하다
世渡り上手だ 처세에 능하다
手がかさかさだ 손이 까칠까칠하다
くしゃくしゃになる 쭈글쭈글 엉망이 되다
ざる 술고래
顔がつぶれる 체면이 상하다
酎ハイ 칵테일 소주
スタバ(スターバックス) 스타벅스
プリン頭 푸딩 머리
しくる(しくじる) 실패하다, 실수하다
しける 썰렁해지다
気まずい雰囲気になる 어색한 분위기가 되다
荷物が嵩張る 짐이 커지다
ぺこぺこのボール 찌그러진 공
油をひく 기름을 칠하다
政界の惑星 정계의 다크호스
ボールがぷかぷか浮く 공이 둥실둥실 뜨다
餡を練る 팥소를 개다
ご飯がふける 밥이 뜸들다
目からうろが落ちる 눈이 확 트이다
ノリノリだ 신나다
中途でへこたれる 중도에서 녹초가 되다

秒読みに入る 초읽기에 들어가다
交渉がとどこおる 교섭이 막히다
あっけなく負ける 형편없이 지다

人に恋焦がれる 사람을 애타게 그리다
しょんぼりしている 낙심해 있다
びしっと注意する 따끔하게 주의를 주다
天井知らずだ 천장을 치고 있다
不便な目にあっている 불편을 겪고 있다

繰り上げ当選 다음 후보 당선
かんかんに怒る 노발대발 화내다
株価の値上がり 주가
無計画な行政のせいで 졸속 행정 탓으로

《サ行 2》

少しぐらいサービスしたって。　　　　　　　　조금은 서비스해도.

少しでもいいから、リッチな気分味わいたいよね。

　　　　　　　　　　　　　잠시라도 괜찮으니깐 럭셔리한 기분을 맛보고 싶어.

少しは年をわきまえなさい。　　　　　　　　나이 값 좀 해.

ずっーと片想いってつらいよね！　　　　　　계속 짝사랑한다는 거 괴로워!

ずっとひっかかってて。　　　　　　　　　　계속 마음에 걸리고.

スプレー使って、髪盛っただけだよ。　　　　스프레이 써서 세운 것뿐이야.

正義感強いのもほどほどにしないと、敵、作るばっかだよ！

　　　　　　　　　　　정의감 강한 것도 적당히 하지 않으면, 적을 만들 뿐이야.

生徒信じてやらなきゃ、そんなの先生じゃない。

　　　　　　　　　　　학생을 믿어 주지 않는다면 그건 선생님이 아니야.

絶対うまくいくけん。自信あるし。　　　　　절대 잘 될 거라니까. 자신 있고. (방언, 하카다)

絶対許せない！　　　　　　　　　　　　　　절대 용서 못해.

全国転換しようと思ってんじゃない？　　　　전국화시키려 하는 거 아니야?

先生に頼るのが当たり前になっちゃっだって。　선생님께 의지하는 것이 당연하게 되어 버려서요.

全然アツアツのカップルじゃん。　　　　　　여전히 닭살커플이네.

全然いつもと一緒じゃん。　　　　　　　　　평상시랑 똑 같잖아.

全然聞き入れてくれないもん。　　　　　　　전혀 안 들어 주는 걸.

全然だめだった。　　　　　　　　　　　　　형편없었어.

全然飲めない体質なの。　　　　　　　　　　전혀 못 마시는 체질이야.

全然酔ってないって。　　　　　　　　　　　전혀 취하지 않았어.

先着10名様までってなってたよ。　　　　　　선착순으로 열 분까지라고 되어 있었어.

そういうキャラじゃ恋愛はむずいな。　　　　그런 캐릭터로는 연애하기 어려워.

そういうところがまだ甘いと言われるの。　　그런 점이 아직 부족하다는 거야.

そういうのはもう慣れっこだから。　　　　　　그런 건 이미 이골이 난 사람이야.

そういえば、雨降りそうだね。　　　　　　그러고 보니 비가 올 것 같네.

そう言われて見れば、たしかにそれっぽい。　듣고 보니 정말 그렇네.

そうじゃねえよ。　　　　　　　　　　　　그게 아니야.

そうせかすなよ。　　　　　　　　　　　너무 재촉하지 마.

そうそう、あばたもえくぼっていうからな。　맞다 맞어, 제 눈에 안경이니깐.

そうだったけど、彼氏にドタキャンされた。　그랬었는데 남자친구한테 갑자기 바람맞았어.

そうだったんだ。　　　　　　　　　　그랬구나.

そうだな。これ、俺にくれよ。　　　　그러네. 이거 나 줘.

そうだな。なる早で。　　　　　　　　글쎄. 가능한 한 빨리.

そうだね。少し消えてっ感じ。　　　그러게. 제발 좀 사라졌으면 좋겠어.

そうだね、乗り換えしなくてすむからさ。　그래, 갈아타지 않아도 되니까.

そうだね。早くカラー入れなきゃ。　　그렇지. 빨리 염색해야 하는데.

そうだね、やっぱり庶民的に行こうぜ。　그래, 역시 서민적으로 가자.

そうだべ?　　　　　　　　　　　　그렇지? (방언, 아오모리)

そうだよな。もう消しちゃおうか。　　그렇지? 아예 꺼버릴까?

そうだよね。運命の出逢いってきっとあるよね。　그렇지. 운명적 만남이란 분명 있어.

そうなんだ。いいね。　　　　　　　그렇구나. 괜찮네.

そうなんだよ。どうすっかなー。　　맞아. 어떡하지ー?

そう、没収されちゃって。　　　　　맞아, 그래서 뺏겼어.

そうやってすぐ怒ることが、歳なんだって。　그렇게 발끈하니깐 나이 들었단 거야.

そげんこともわかんとか?　　　그런 것도 모르는 거야?(방언, 하카다)

そしたら、また引き抜き返すから。　그러면 다시 빼올 거야.

そしたら、もう最悪!　　　　　　그런데 완전 최악이었으니깐!

そしたら、もうどうでもよくなっちゃってー。　그랬더니 이제 아무래도 상관없어져서ー.

そっか。たまには家でのんびりもいいよね。　그렇구나. 가끔씩은 집에서 느긋하게 쉬는 것도 좋지.

そっちが信号無視したんでしょ!　　　그 쪽이 신호 무시한 거잖아!

そっとしといてあげて。	그냥 혼자 있게 놔둬.
外がうるさくって何て言ったか聞こえなかった。	밖이 시끄러워서 뭐라고 하는지 못 들었어.
そーなん？ やってみっか。	그런 거야? 해 볼까?
その兄貴がキャプテンにふさわしくねえだと？	그 형이 주장으로 어울리지 않는다고?
そのうち、しばくぞ、気をつけろって感じ。	조만간에 손 좀 봐줘야겠어.
そのうち、病院行きになるぞ。	머지않아 병원행이 될 걸.
そのケンカ買ったぜ。	어디 한번 붙어 보자.
その恋を大切にしようって思ってるってことよ。	그 사랑을 소중히 생각하고 있다는 거지.
そのバック変わってるね。	그 가방 특이하네.
その服、ちょっとださくない？	그 옷 좀 촌스럽지 않니?
その服は何？ だせっ。	그 옷은 뭐야? 촌스럽게.
その帽子、めちゃ似合わないよ。	그 모자 전혀 안 어울려.
そもそも、うちら外国人だし雇ってもらえるのかな。	원래 외국인인데 채용해 줄까?
そりゃあんまりだ。	그건 너무 심하다.
そりゃきついね。	그거 힘들겠어.
そりゃ大変だな。	그것 참 힘들겠다.
それ以上、何か言ったらぶっとばすぞ。	한 마디만 더 하면 확 날려 버릴 거야.
それ、嘘やんか。	그거, 거짓말이잖아. (방언, 간사이)
それがー、メールでだって。	그게ー, 메일이래.
それくらいにしなよ。	그쯤에서 그만 두지 그래.
それ、実物はかわいいってこと？	실물은 귀엽다는 뜻이야?
それって、口説いてるの？	그거, 나 꾀는 거지?
それなら考えてやってもいい。	그거라면 생각해 봐 줄 수도 있어.
それ抜け駆けだよ。	혼자만 그러는 게 어딨어.
それは完璧にぼったくられたな。	그건 완전 바가지 썼네.
それはこっちのセリフ！	누가 할 소리!
それはちょっと油っこない？	그건 좀 느끼하지 않아?

1 다음 문장들을 괄호 속에 유의하면서 현재 일본 젊은 층들이 사용하는

　간결한 반말체로 日訳을 해 보자.

1. 네 꺼보다 나아. (まし)

　⇨

2. 음, 비키니라. 이 배로는 좀 이상하지 않을까? (やばい)

　⇨

3. 요새 쟤 짜증나지 않니? (うざい)

　⇨

4. 왠지 너 좀 어리버리해. (ドジ)

　⇨

5. 그렇게까지 확실히 말 안 해도 되잖아. (～じゃん)

　⇨

6. 엣, 아무 일 없었어? (大丈夫)

　⇨

7. '허튼소리 하지 마!'라고 들었어. (でたらめ)

   ⇨

8. 그러다가 큰코 다쳐. (泣く)

   ⇨

9. 좀 전에 정말 재수 없었어. (キモい)

   ⇨

10. 요새 저 여자 눈에 거슬려—. (目障り)

   ⇨

11. 왜? 무슨 일 있었어?

   ⇨

12. 뭐라고? 나한테 시비거는 거야? (けんかを売る)

   ⇨

제10과 술을 사 놓을 게.

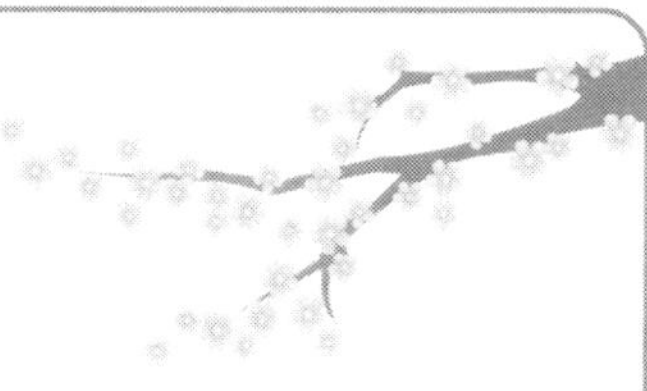

~とく, ~とこだった, ~とて, ~との

📖 기본문형

1 ~とく

お酒を買っ**とく**よ。

　~해 두다(~ておく의 축약)

술을 사 놓을 게.

伝え**とく**。

전해 둘 게.

2 ~とこだった

　~할 뻔했다

危うくぶつかる**とこだった**。

까딱하면 부딪칠 뻔했다.

3 ~とて

　~라고 해서, ~더라도, ~다손 치더라도

泣いた**とて**、同情はされない。

운다고 해서 동정은 받지 못한다.

4 ~との

　~라고 하는, ~라는

元気でいる**との**便りが先週届きましたよ。

건강하게 있다는 소식이 도착했습니다.

つけで買う 외상으로 사다
ヤマが当たる 요행수가 적중하다
そのうわさで持ち切りだ 온통 그 소문으로 자자하다
勿体ないぶって歩く 짐짓 점잔 빼며 걷다
諫める 충고하다
猥褻な冗談を言う 외설스러운 농담을 하다
丸かじり 통째로 베어 먹음
商売には向いてない 장사에는 맞지 않다
ぼろが出る 탄로가 나다
こってりしておいしい 국물이 진해서 맛있다
せっぱつまってやる 급하게 하다
焼き立てのパン 갓 구운 빵
へとへとに疲れる 완전 지치다
台無しになる 엉망이 되다
枝豆 삶은 풋콩
比べものにならない 비교가 안 된다
マンネリ気味 권태기
生中 생맥주 중간 사이즈
ホワイトデー 화이트데이
ポッキーデー 빼빼로데이
落ち込む 낙담하다
不釣り合いな縁談 어울리지 않는 혼담
友から逆恨みされた 친구로부터 도리어 원한을 샀다
下心を見抜いた 속마음을 간파하였다
物好きにも程がある 호기심에도 정도가 있다
受験の心得 수험상의 주의사항
費用が嵩む 비용이 많아지다
道にまごつく 길을 잃고 갈팡대다
聞くにも汚らわしい話 듣기에도 추잡스러운 이야기
すばしこい人 재빠른 사람

コツを飲み込む 요령을 터득하다
冗談を向きになる 농담을 곧이 듣다
酒を節する 술을 절제하다
会社の経費で落ちる 회사경비로 처리하다
愛想がつきる 정나미가 떨어지다
居心地がよい家庭 지내기 좋은 가정
うまくとりつくろう 잘 얼버무리다
あっさりした味 개운한 맛
頭の中がごちゃごちゃだ 머릿속이 뒤죽박죽이다
ちょこちょこ会ってる 가끔 만나다
舌がひりひりする 혀가 얼얼하다
疲れてくたくた 피곤해서 파김치 되다
実際問題 사실
遠距離 장거리 연애
嘘くさっ(嘘くさい) 거짓말 같다
おかわり 한 그릇 더, 한잔 더
俺んち(俺のうち) 우리 집
ひかれる 정 떨어지게 되다
びしっと言う 따끔하게 말하다
人生の節目 인생의 한 고비
振り替え貯金 대체 저금
道が凹む 길이 패다
根回し 사전교섭
心得がよくない 마음가짐이 좋지 않다
貯金を下ろす 저금을 인출하다
料理を取り寄せる 요리를 시키다
くすぐったいことを言う 아픈 데를 찌르다
世の中が騒々しい 세상이 시끄럽다

紛らわしい偽物 속기 쉬운 가짜　　　形勢があべこべになる 형세가 뒤바뀌다
輪に輪をかける 이야기의 내용을 과장하다　　歴史の一齣 역사의 한 토막
不手際な処置 서투른 조치　　　はったりをきかせる 허세부리다
たわいのないことを言う 소갈머리 없는 소리를 하다
鷹揚な人柄 의젓한 인품　　　えげつない演技 역겨운 연기
したり顔で歩く 자랑스러운 얼굴로 걷다　　とことんまで追求する 끝까지 추구하다
襷掛けで働く 소매를 걷어 붙이고 일하다　　まぐれ当たりに一等した 요행수로 일등했다
平謝りに謝る 손이 닳도록 빌다　　　水増しの入学 정원 외 입학
水増しして請求する 실제보다 부풀려 청구하다　　王手をかける 장군을 부르다
ご清聴をわずらわす 번거로이 말씀을 올리다　　その向きに届ける 관계당국에 신고하다
食欲を誘う 식욕을 돋구다　　　目やにが出る 눈곱이 끼다
目がかすむ 눈이 침침하다　　　経済的に厳しい 경제적으로 어렵다
男女共学についてあげつらう 남녀공학에 대해 논하다
徹夜続きだ 계속 철야다　　　はかばかしく進まない 순조롭게 진척이 되지 않다
ちょっと叱るとふて腐る 조금만 꾸짖어도 부루퉁해진다
寒風が吹き荒れる 찬바람이 몰아치다　　打って付けの仕事 안성마춤인 일
勿体ないお言葉を賜る 과분한 말씀을 주시다　　問い詰められる 추궁당하다
じゃが芋をふかす 감자를 찌다　　　さつま芋を蒸す 고구마를 찌다
決済をしてもらう 결제를 받다　　　二足のわらじを履く 겸업을 하다
卵をとく 계란을 풀다　　　口座に振り込む 계좌에 불입하다
プランを練る 계획을 짜다　　　玉ねぎを刻む 양파를 다지다
染みを落とす 얼룩을 빼다　　　アップロードする 업로드하다
うつ伏せに寝る 엎드려 자다　　　軟膏をつける 연고를 바르다
延滞料を払う 연체료를 물다　　　お歳暮を送る 연말선물을 보내다
鉛筆を削る 연필을 깎다　　　英会話教室に通う 영어학원에 다니다
予定が詰まっている 예정이 꽉 차있다　　長湯してのぼせる 목욕을 오래 해서 현기증이 나다
服を畳む 옷을 개다　　　服を繕う 옷을 수선하다
服がだぼだぼだ 옷이 헐렁헐렁하다

《サ行 3》

それ、本当だな。めちゃくちゃ食ってやる。	그 말 진짜지? 완전 먹을 거야.
そろそろ仲直りしなよ。	슬슬 화해 해.
そろそろ冬だもんな。	슬슬 겨울이니깐.
そんなこと言われて黙ってたわけ？	그런 말 듣고 가만히 있었어?
そんなこと女の前で言ったら、ひかれるぞ。	그런 말 여자 애들 앞에서 하면 미움받을 것.
そんなことないって。	그런 적 없어.
そんな知らんぶりしないで教えてよ。	그렇게 모르는 척하지 말고 가르쳐 줘.
そんなにイケてないかなあ。	그렇게 매력이 없나?
そんなに怒ることじゃないだろ！	그렇게 화낼 일 아니잖아.
そんなに落ち込むなよ。	그렇게 낙담하지 마.
そんなにすねるなよ。なんもなかった。	그렇게 삐치지 마. 아무 일 없었어.
そんなにすねんなよ。	그렇게 삐치지 마.
そんなに飲んでも平気だなんて羨ましいよ。	그렇게 마셔도 아무렇지도 않다니 부러워.
そんなの朝飯前だよ。	그야 식은 죽은 죽 먹기지.
そんなのチンチンとれよって言ってやれよ。	그런 건 확 거기를 떼 버리라고 말해 줘.
そんなのほっとけばいいわ。	그런 건 내버려 두면 돼.
そんなわけねえじゃん。	그럴 리 없잖아.

《タ行 1》

第一好きでも何でもないもん！	무엇보다 좋아하는 것도 아무것도 아닌 걸!
ダイエットも何も仕事のしすぎてやつれたんだよ。	다이어트고 뭐고 일을 너무 많이 해서 야윈 거야.
大丈夫だって。	괜찮은데 뭘.
だから、謝ってるだろ。	그래서 사과하잖아.

だから、あれほどダメだって言ったのに。　　　그러니까 그만큼 안 된다고 했건만.

だから、あれほど早くしろって言ったのに。　　그러니까 그렇게 빨리 하라고 했더니.

だから、ウイルスチェックしてみてって言ってるのに。

　　　　　　　　　　　　　　　　　　그러니까 바이러스 체크해 보라니깐.

だから、お前が一人でつけろ。　　　　　　그러니까 너 혼자서 매듭지어.

だからかー、海外でぼられた。　　　　　　그래서구나ー, 외국 나가서 바가지 썼어.

だからすらっとしてるんだ。　　　　　　　그래서 그렇게 날씬하구나.

だから、せめて毎日楽しく生きようかなって。

　　　　　　　　　　그렇기 때문에 적어도 매일 즐겁게 살아가자고 한 거예요.

だからって何？　できないっていうこと？　　그래서 뭐? 안 된다고?

だから？電話も出られなかったってこと？　　그래서? 전화도 못 받았다는 거야?

だから、何の話だよ。　　　　　　　　　　그러니까 그게 무슨 얘기야.

タクシーに乗らなきゃ。　　　　　　　　　택시를 타야지.

だけどそれができねえんだ。　　　　　　　그런데 그게 안 돼.

確かにこの頃あの二人あやしかったもんな。　확실히 요즘 둘이 이상했었어.

確かに潜入捜査なんか無茶よね。　　　　　분명 잠입수사 같은 건 말도 안 되지.

助かりっこねえだろう?　　　　　　　　　살 수 있을 리 없잖아?

ただ一日中家でゴロゴロしてた。　　　　　그냥 하루종일 집에서 뒹굴거렸어.

ただ、誰に見せるのかなあと思って。　　　그냥 누구한테 보여줄 건지 궁금해서.

だったら、きっともてるだろうなんて。　　그러면 틀림없이 인기 있을 텐데.

だって、あいつん家は金持ちだもんな。　　걔네 집은 부자잖아.

だってこのままじゃ気がすまないよ。　　　하지만 이대로는 분이 풀리질 않는 걸.

だってさ、俺達も一応捜査権って持ってんじゃん？

　　　　　　　　왜냐하면 우리들도 일단은 수사권이라는 걸 갖고 있잖아?

だって、しつこいんだもん。　　　　　　　그게 끈질기단 말이야.

だって食欲の秋だって言うじゃん！　　　　가을은 식욕의 계절이라 하잖아!

だって育ち盛りだからさ、すぐお腹すいちゃうんだよ。

　　　　　　　　　그치만 한참 클 때라서 금방 배가 고파진단 말야.

だって、大変なんだもん。　　　　　　　　그렇지만 힘들단 말이야.

だってよ、高収入で、簡単な仕事探してるんだぜ。　그게 고수입에 간단한 일만 찾고 있어.

だとしても別にいいじゃん。　　　　　　　그렇다 하더라도 뭐 어때?

他人を巻き込まないで。　　　　　　　　　남을 끌어들이지 마.

多分おな中かもしれん。　　　　　　　　　아마 중학교 동창일지도 몰라.

黙っててくれよ。　　　　　　　　　　　　말하지 마.

黙ってろ。　　　　　　　　　　　　　　　입 닥치고 있어.

たまには家でまったりとしたくなる時ってない？

때로는 집에서 빈둥빈둥거리고 싶을 때 있지 않니?

だめだって言われるよ。　　　　　　　　　안 된다는 소리 들을 거야.

だめだ。どっか入ろう。　　　　　　　　　안 되겠어. 어디 들어가지.

だよな。俺だったら、殴るよ。　　　　　　그건 그렇지. 나였다면 때렸을 거야.

だよな。楽しみにしてたのに。　　　　　　그치? 기대하고 있었는데.

誰か代わってくれないかな。　　　　　　　누구 바꿔줄 사람 없으려나.

誰かなんかいっぱつ芸やってよ。　　　　　누가 개인기 좀 해봐.

誰かに頼ったっていいんだよ。　　　　　　누군가에게 기대도 되는 거야.

単位足りたか。　　　　　　　　　　　　　학점 다 땄어?

小さいからって私のことからかってるわけ？　작다고 지금 나 놀리는 거야?

ちぇっ、ジャージが楽だもん。　　　　　　쳇, 체육복이 편하단 말야.

違うったら！　　　　　　　　　　　　　　아니라니깐!

違うって。じゃあね、おっつー。　　　　　아니라니까, 그럼 수고.

違うよ。そんなわけないじゃん。　　　　　아니야. 그럴 리 없잖아.

ちくしょう、うまくいかねえな。　　　　　제기랄, 되는 일이 없네.

チケットダブって買ってるんだよな。　　　티켓을 이중으로 샀어.

着うた変えたでしょ？　　　　　　　　　　벨소리 바꿨지?

ちゃんと見て歩け！　　　　　　　　　　　똑바로 보고 다녀!

チュウしてもいいかい？　　　　　　　　　뽀뽀해도 돼?

ちょいコンビニ寄っていこうぜ。　　　　　편의점 잠깐 들렀다 가자.

1 다음 문장들을 괄호 속에 유의하면서 현재 일본 젊은 층들이 사용하는
간결한 반말체로 日訳을 해 보자.

1. 그건 안 되지. 정말 열 받지. (ムカつく)

   ⇨

2. 역시 바람피웠더라고. 확 뒈 져 라는 생각이 들었어. (浮気)

   ⇨

3. 너한텐 무리야. 왜냐하면 싹싹하지 않잖아. (だって~もん)

   ⇨

4. 별로, 남의 일인데 괜찮잖아. (~じゃん)

   ⇨

5. 우와-, 정말 치사하다. 믿기지 않아. (せこい)

   ⇨

6. 기분 안 좋아 보이네. 왜 그래? (機嫌わるい)

   ⇨

7. 미팅 상대한테 퇴짜 맞았어. (合コン相手, ダメだし)

   ⇨

8. 신경 쓰지 마. 괜찮은 남자 소개시켜 줄게. (気にする)

   ⇨

9. 우쭐대지 마. 그냥 예의상 한 말이잖아. (調子にのる, ～じゃん)

   ⇨

10. 뭐야? 그 말 너무하잖아. (言い方)

   ⇨

11. 꼴불견이야. 왠지 남자로서 한심해. (みっともない)

   ⇨

12. 응, 왠지 서로 이어지는 기분이 들어서 샀어. (～ちゃう)

   ⇨

제11과 그런 간단한 것도 못하다니 정말 한심스러운 일이야.

~とは, ~な?, ~な(あ), ~ないって

📖 기본문형

1 ~とは

そんな簡単なこともできないとは、実に情けないことだ。

| ~하다니, ~이라니

그런 간단한 것도 못하다니 정말 한심스러운 일이야.

2 ~な?

それは違うよ！な？

| ~지?, 그치? 응?(남성적 표현, 동의)

그건 아니야! 그치?

3 ~な(あ)

味がこいスープが飲みたいな。

| ~구나, ~면 좋겠는데

맛이 진한 수프를 먹고 싶구나.

4 ~ないって

心配ないって。

| ~아니라니까!, ~없다니까!

걱정 없다니까.

私には関係ないって。

나와는 상관없다니까.

ローンが組める 대출받을 수 있다
お客さんに押し付ける 손님한테 강요하다
鼻がむずむずする 코가 간질간질하다
やばい 위태롭다, 위험하다
Aボーイ 아키바 보이
ドジ 얼빠진 짓, 어리버리한 사람
かもにされた 속아서 이용당했다
いちゃいちゃする 남녀가 끈적거리다
マジできれる 열 받아 폭발하다
雰囲気のいいデートスポット 분위기 좋은 데이트 장소
大当たり 대성공
待ち伏せ 숨어서 기다림
魔がさした 마가 씌웠다
負債を棒引きにする 부채를 말소하다
間貸しをする 방을 세주다
定規をあてる 자를 대다
小銭で払う 잔돈으로 지불하다
据え置く 일정 기간 거치해두다
うつろな目 얼빠진 눈
ふらふらした足取り 비트적거리는 발걸음
きらびかな服装 화려한 복장
円らなひとみ 둥글고 귀여운 눈동자
こうこうと漲る 가득 차다
萎える 시들다, 옷이 후줄근해지다
質問を往なす 질문을 가볍게 받아 넘기다
なれ合いの試合 짜고 하는 시합
高飛車に出る 고자세로 나오다
家に燻っている 집에 죽치고 있다
脂下がる 우쭐해져 벙글거리다
あまい男 좀 모자라는 사나이

人を勘繰る 남을 의심하다
英語ぺらぺらだ 영어가 유창하다
ださい 촌스럽다
うざい 귀찮다, 짜증나다
ダメ男 꽝인 남자
胸毛が激しい 가슴털이 많다
口説く 꾀다
カップルシート 커플석
下調べ 사전 조사
いい年 지긋한 나이
恋の駆け引き 밀고 당기기
三つ巴の争い 삼파전
ほろ酔い機嫌 거나한 기분
自動引き落としにする 자동이체를 하다
自主退学する 자퇴를 하다
みじん切りにする 잘게 다지다
信用貸し 신용대부
とっさの機転 순간적인 기지
やけに寒い 매우 춥다
淑やかに歩く 얌전하게 걷다
野獣を馴らす 야수를 길들이다
ずらっと居流れる 죽 늘어앉다
土地を均す 땅을 고르다
告訴の願い下げ 고소 취하
誘い水をさす 마중물을 붓다
鳴り物入りの宣伝 대대적인 선전
下積みで燻っている 말단에서 맴돌다
流し目にみる 곁눈질로 보다
甘い酒 약한 술

点があまい 점수가 후하다
洋品を商う 양품 장사를 하다
家を治める 집안을 다스리다
政府の梃入れ 정부의 특별 조처
凌ぎがつかない 궁지에 몰려 있다
じんましんが出る 두드러기가 나다
定期預金お預入 정기예금 입금
得意先に納める 단골집에 납품하다
けしからぬ考え 발칙한 생각
うまく茶化して逃げる 적당히 얼버무리고 도망가다
別刷りを配る 발췌 인쇄물을 배포하다
おごり高ぶる 오만불손하다
税金に手心を加える 세금을 적당히 봐주다
口座から代金が引き落とされる 계좌에서 대금이 자동이체되다
三食とも下宿で賄ってくれる 세 끼니를 다 하숙에서 먹여 주다
あとがまだ燻っている 감정이 아직 맺혀 있다
服にタグ付いたまんまだった 옷에 가격표가 그대로 붙어 있었다

実費で賄う 실비로 식사를 제공하다
思い切りが悪い 선뜻 단념 못하다
手頃な値段 적당한 값
鎬を削る 맹렬히 싸우다
仲人口をきく 좋게만 애기하다
保険がきく 보험이 적용되다
積立預金 적금예금
一時は鳴らしたものだ 한때는 날리기도 했다
げっそりやせる 홀쭉해지다
話のさわり 이야기의 요점
相手を痛め付ける 상대를 호되게 몰아세우다

《夕行 2》

超気まずかった。	너무 어색했어.
ちょうどええやんか？	딱 좋잖아?(방언, 간사이)
ちょっと新しいハンドルネーム考えたぞ。	잠깐 새로운 온라인상의 닉네임 생각했어.
ちょっと、あんたうかれすぎ。	야, 너 너무 신났어.
ちょっとうまく話せたからよかったな。	이야기가 잘 되어서 좋았다는 거야.
ちょっと体だるいだけ。	좀 몸이 나른해서 그래.
ちょっと聞いて。まだ、別れてないみてえ。	좀 들어봐. 아직 안 헤어진 것 같아.
ちょっと手伝ってくんないか？	좀 도와주지 않을래?
ちょっと、どうしたの？ ぼけてる？	뭐야 왜 그래? 정신 나갔어?
ちょっと！ なんでシカトするの。	야! 왜 내 말 무시해!
ちょっとブルー。	완전 우울해.
ちょっと、魔がさしてね！	잠깐 마가 끼었어!
ちょっと待ってって言ったのに。	좀 기다리라고 했잖아.
ちょっと待って。本気で言ってんの？	잠깐만. 진심이야?
ちょっと耳貸して。	잠깐 귀 좀 대봐.
ちょっともてたくらいでいい気になりやがって。	인기 좀 있다고 뻐기긴.
チョー泣けるんだって。	아주 심금을 울린대.
ちょろい、ちょろい。	아주 간단해.
つい衝動買いちゃったの。	그만 충동구매해 버렸어.
つい、ついって、いつもそればっかり！	그만 그만이라고 언제나 그것뿐!
つうか、あきらめなきゃいいじゃん。	뭐랄까 그보다 포기 안 하면 되잖아.
つうか、今日授業は？	그건 그렇고, 오늘 수업은?
疲れてるのかな。 頭がぼーっとする。	피곤해서 그런가? 머리가 띵해.
ったく、ついてねーな。	내참, 정말이지 재수 없어.

っつうか、お前何が言いてえんだよ。　　　도대체 너 무슨 말 하고 싶은 거야?

っていうかいるわけがないって感じ。　　　뭐랄까 왠지 없을 거 같은 느낌이 들어.

つべこべ言い訳するな。　　　구차하게 변명하지 마.

つぼにはまって、笑いが止まらなかったよ。　　　완전 웃겨서 안 멈춰지더라고.

つまんないわね。　　　시시하네.

冷たいわね。　　　차갑네.

面当てにこうしてやろう。　　　앙갚음으로 이렇게 골탕을 먹이자.

出会わなきゃよかったよ。　　　만나지 않았으면 좋았을 텐데ㅡ.

出かけるのも面倒くせえし。　　　외출하는 것도 귀찮고.

手加減しないぜ。　　　봐주지 않겠어.

で、カチーンときて、「電話すんな」って言ってやったよ。

그래서 확 열 받아서 '전화하지 마'하고 버럭 화냈지.

できちゃた結婚なんだって。　　　속도위반 결혼이래.

で、結局出品できなかったんだ。　　　그래서 결국 출품 못했구나.

デコ電はキラキラしないとかわいくないもん。

장식 휴대폰은 반짝반짝 하지 않으면 안 예쁘단 말이야.

で、なんでそんなにびっくりすんの？　　　그런데 왜 그렇게 놀라?

手荷物検査もうるさくなったな。　　　짐 검사도 까다로워졌어.

手荷物にカミソリ入ってたの。　　　짐 속에 면도기가 들어 있었거든.

手拍子も忘れちゃいやよ。　　　손장단 치는 것도 잊지 마.

てめえー、勝手に行動してんじゃねーよ。　　　네 멋대로 행동하는 거 아냐.

てめえー、死にてえのか。　　　너 죽고 싶어?

てめえ、なめてんのか。　　　너, 날 물로 보는 거야?

てめえ、ぶっ殺すぞ。　　　이 자식 죽여 버릴 테야.

てめえーほどじゃねえよ。　　　너만큼은 아니야.

でもああいうタイプがおやじキラーだったりするんだよ。　저런 타입이 아저씨 킬러야.

でも、あなたがどうしてもっておっしゃるなら。　　하지만 당신이 어떻게든 하고 말씀하신다면.

でも、いいの。それだけ私に一途ってことでしょ？

하지만 괜찮아. 그만큼 나만 바라본다는 거잖아?

でも、いくらレートがよくても闇はちょっとね。　하지만 아무리 환율이 좋아도 불법은 좀 그렇지.

でも、一途に思ってるなんて、男らしいよ。　하지만 일편단심인 거 남자다워.

でも、いやなの！　　그래도 싫어!

でも、かわいいからついつい許しちゃう。　그런데 이쁘니깐 나도 모르게 계속 다 들어주게 돼.

でも、化粧ばっちりじゃないよ。　그런데 화장이 별로인데.

でもさ、お腹も出てるし、おっちゃんみたい。　하지만 배도 나오고 아저씨 같잖아.

でもさ、どこも一緒だよ。　하지만 어디나 똑같아.

でも、その頭どうかしろよ。　그런데 그 머리 좀 어떻게 해.

でも、それだけ好きだったってことじゃないかな。

하지만 그만큼 좋아했다는 거 아닐까?

でも、それってお互い様ってことじゃね？　그렇지만 그거 피차일반인 거 아니니?

でも、抱かれたくないNO1は、あんただってよ。

그런데 안기고 싶지 않은 남자 넘버원은 바로 너야.

でも男性って勘違いするよね。　그런데 남자들은 착각해.

でもなにか、照れちゃう。　그래도 뭔가 쑥스러워.

でもなんか俺ダセーな。　근데 나 좀 구려.

でも、4時限目はまずいよ。　그렇지만 4교시는 안 되잖아.

でも、私とはばっちりなんだよ！　그렇지만 나랑은 완벽해!

でも、私は筋肉モリモリよりやさマッチョがいいな。

하지만 난 울퉁불퉁 근육보단 근육이 살짝 붙은 마른 몸매가 좋더라.

出やへん。　나가지 않는다.(방언, 간사이)

てれくせえよ！あげんのも買いに行くのもちょっとな。

쑥스러워! 주는 것도 사러가는 것도 좀─.

手をつないでもいい？　손 잡아도 돼?

天パーだから雨の日は大変だよ。　곱슬머리라 비오는 날엔 큰일 나.

どういうことって殺してやりたいくらいむかついてたわ。

어떻게 된 거야 하고 죽여 버리고 싶을 정도로 화가 났었어.

どうしたの？　あんたらしくないじゃん。　　　왜 그래? 너답지 않게.

どうしたの？　ご機嫌じゃん。　　　　　　　　무슨 일 있어? 기분이 좋아 보여.

どうしたの？　元気ないじゃん。　　　　　　　왜 그래? 너 기운이 없네.

どうしちゃったんだよ。　　　　　　　　　　　왜 그래?

1 다음 문장들을 괄호 속에 유의하면서 현재 일본 젊은 층들이 사용하는
간결한 반말체로 日訳을 해 보자.

1. 쇼핑 끝나면 오랜만에 스티커 사진 찍지 않을래? (プリ)

   ⇨

2. 부적으로 사용하래. (魔よけ, 〜って)

   ⇨

3. 아, 충동구매 했어. (衝動買い, 〜ちゃう)

   ⇨

4. 아니, 그게 아니라 전부터 쭉 갖고 싶었단 말이야. (〜もん)

   ⇨

5. 네네, 맘대로 해. (好きにする)

   ⇨

6. 그러니깐 밤늦게 먹지 말라고 했잖아!

   ⇨

7. 아니야. 요새 레깅스가 유행이잖아. (スパッツ, ～じゃん)

    ⇨

8. 너무 예쁘네. 나도 사 볼까? (めちゃ)

    ⇨

9. 앗, 미안. 잔돈이 없네. (細かいお金)

    ⇨

10. 야, 빨리 갚아! (返す)

    ⇨

11. 오늘 무슨 일이야? 검은색으로 쫙 빼입고. (～ずくめ, ～じゃん)

    ⇨

12. 맞아! 조금 감출 수는 있겠지. (ごまかせる)

    ⇨

MEMO
NOTE

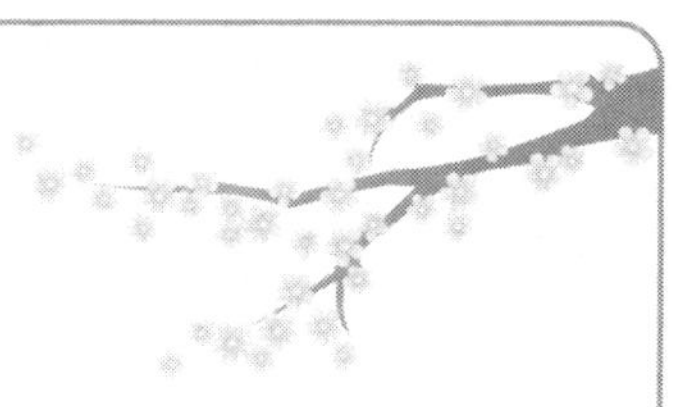

입어 봐야지.

~ないと, ~ないとだめ, ~なきゃ, ~なくちゃ

📖 기본문형

1 ~ないと

着てみ<u>ないと</u>。

| ~해야지

입어 봐<u>야지</u>.

2 ~ないとだめ

お酒を飲ま<u>ないとだめ</u>。

| ~해야 해

술을 먹<u>어야 해</u>.

3 ~なきゃ

| ~해야지, ~해야 해(~なければ의 축약), ~안 해도

クーポンを持って行か<u>なきゃ</u>。

쿠폰을 가져가<u>야지</u>.

早く行か<u>なきゃ</u>。

빨리 가<u>야 해</u>.

言いにくいなら言わ<u>なきゃ</u>いいのに。 말하기 어려우면 말 <u>안 해도</u> 되는데.

4 ~なくちゃ

| ~해야지, ~해야 한다

行か<u>なくちゃ</u>。

가<u>야지</u>.

不甲斐ない大人 한심한 어른　　　　　　ちゃっかりする 약삭빠르다
ちっぽけな悲しみ 하찮은 슬픔　　　　　会長を棚上げにする 회장을 은근히 무시하다
丸抱え採用 생활보장 채용　　　　　　　お手上げ 속수무책, 항복
挨拶に困った 대답에 궁했다　　　　　　店から取りつけている 가게에서 대 먹는다
僕を店卸しにした 나를 헐뜯었다　取り詰めて気が変になる 지나친 근심으로 정신이상이 되다
浮気性 바람기　　　　　　　　　　　　キモい 기분 나쁘다, 재수 없다
色目を使う 추파를 던지다　　　　　　　レジに並ぶ 계산대에 서다
いらつく 짜증나다　　　　　　　　　　てめえ 이 자식, 이 새끼
なめてる 얕보다　　　　　　　　　　　肝っ玉小さい 겁 많고 소심하다
うぜー(うざい) 재수없다, 짜증나다　　　あま 계집년
ひどい目にあう 험한 일을 당하다　　　　ちくしょう 제기랄, 젠장
ぶっとばす 두들겨 패서 날려 보내다　　　ぶっころす 확 죽여 버리겠다
怒らせる 화내게 만들다　　　　　　　　自己中 자기 멋대로 임
親分肌 큰형님 성격　　　　　　　　　　変わり者 괴짜
バラ 낱개　　　　　　　　　　　　　　ご飯が蒸れる 밥이 뜸들다
若人が巣立ちする 젊은이가 독립하다　　素通しの眼鏡 돗수 없는 안경
眠気が差す 졸음이 오다　　　　　　　　できものができる 종기가 나다
しわを伸ばす 주름을 펴다　　　　　　　ポケットの中を探る 주머니 속을 뒤지다
注射を打ってもらう 주사를 맞다　　　　列に並ぶ 줄을 서다
仲人をする 중매를 하다　　　　　　　　足が吊る 쥐가 나다
マナーモードにする 진동으로 하다　　　こってりとした味 진한 맛
荷物をまとめる 짐을 꾸리다　　　　　　鍼を打つ 침을 놓다
人情の柵 인정의 구속　　　　　　　　　顎を出す 기진맥진해지다
手を抜く 일을 겉날리다　　　　　　　　目がない 사족을 못써다
肩をもつ 편을 들다　　　　　　　　　　口がすっぱくなる 입이 닳다
舌をまく 감동을 받다　　　　　　　　　ぞんざいな掃除の仕方 겉날리게 청소하는 태도
お茶を沸かす 차를 끓이다　　　　　　　べらべらした紙 흐르르한 종이
毛をむしる 털을 잡아 뜯다　　　　　　　じとじとした空気 축축한 공기
裸足で歩く 맨발로 걷다　　　　　　　　おごった暮らし 사치한 생활
名残の夢 잊혀지지 않는 꿈　　　　　　　名残の言葉 이별의 마지막 말

合口がいい 뜻이 잘 맞다
騒動の立役者 소동의 중심인물
わめきたてる 마구 떠들어 대다
掌を返す 싹 달라지다
八方破れ 빈틈투성이
恋わずらいにやつれる 상사병으로 여위다
知らぬが仏 모르는 것이 약
油を敷く 기름을 두르다
売りつくし 정리 세일
歯をぎりぎりと鳴らす 이를 으드득 갈다
擦り傷をこしらえる 생채기가 나다
棚上げになる 보류되다
手分けをする 분담하다
まじまじと人の顔を見る 말끄러미 남의 얼굴을 쳐다보다
ぺらぺらとノートを捲る 펄럭펄럭 노트를 넘기다
無茶な値段 지나친 가격

大見得をきる 허세를 부리다
女だてらに 여자인 주제에
たどたどしい足どり 불안한 걸음걸이
棚浚え大売り出し 재고정리 대매출
胃がむかつく 토할 것 같다
足をひっぱる 방해하다
バイキング 뷔페
お買い得の品 싸게 잘 산 물건
頭がガンガンする 머리가 지끈지끈하다
雨がしとしとと降る 비가 부슬부슬 내리다
合言葉にする 표어로 하다
頭を切り替える 사고방식을 바꾸다
鋭く切り込む 날카롭게 추궁하다
無茶な考え 말도 안 되는 생각

《夕行 3》

どうして女って、記念日って言うんだろうな。	왜 여자들은 만날 기념일 타령인 거야?
どうして彼の気持を分かってあげないの。	왜 그의 마음을 몰라주는 거야?
どうすっかな。	어떡하지?
同棲すっか。	동거할래?
どうぞお見逃しなく！	부디 놓치지 마시길!
どうにかしてくれ。	어떻게 좀 해 줘.
どうやら引き抜きに会ったらしいの。	아무래도 스카우트 제의를 받은 거 같아.
どうりで。何か髪の色とか微妙に違うと思ったよ。	어쩐지. 왠지 머리 색깔 같은 게 묘하게 다르다고 생각했어.
遠い国に行って時差ぼけ経験してみたい。	먼 곳으로 가서 시차병이라는 거 한번 경험해 보고 싶어.
特にお腹の肉落とさなきゃ。	특히 뱃살 좀 빼야지.
どけ！うせろ！	저리 비켜! 꺼져!
どこがだよ。ここんところ全然やってないだろ。	어디가! 여기 전혀 아니잖아.
どこでイチャついてるんだよ。	어디서 부비부비 하고 있는 거야.
どこもイジッてないわよ。	어디도 성형하지 않았어.
ドジなお前のほうこそ気をつけろよ。	얼빠진 너야말로 조심하라고.
どっか行くの？	어디 가?
どっか行っちゃってるけど？	어디론가 넋이 나갔군요.
どっか行って！	어딘가 가 버려!
どっかおすすめない？	어디 추천할 곳 없어?
「どっちが大事なの？」って言ってみたら？	'뭐가 중요해?'라고 물어보면 어때?
どっちもどっちだよ。二人ともちびっ子。	그게 그거야. 너희 둘 다 애 같잖아.
とぼけないで、たまにはおごってよ。	시치미 떼지 말고 가끔은 밥 좀 사라!

とぼけんな。　시치미 떼지 마.

友だちを売る気か？　친구를 배신하려는 거야?

とりま、ちょっとインターネットで調べてみよう。　우선 인터넷으로 좀 찾아보자.

どれ？　見せてみ。　어디? 보여줘 봐.

どんくさいなあ。　왜 이렇게 칠칠치 못해?

どんじり？　꼴찌?

どんだけ歌ったんだよ、一体。　대체 얼마나 부른 거야.

どんだけ飲んだの、一体。　대체 얼마나 마신거야.

とんでもない話を聞いて思わず熱くなった。　터무니없는 소리를 듣고 나도 모르게 흥분했어.

どんどん飲んじゃってよ！　쭈욱 마셔!

ドンマイドンマイ。　신경 쓰지 마.

《ナ行 1》

内緒だって言ったのにー。私、どうしよう。　비밀이라고 했는데ー. 나 어떡하지?

泣かしちゃうなんて、いくらなんでもやりすぎだよ。

울리다니 아무리 그래도 네가 좀 심했어.

なかなか会ってくれねえからー。　좀처럼 만나 주지 않으니까.

殴られたいか?　맞고 싶어?

殴られたいみたいだな。　얻어맞고 싶은가 보군.

夏休みだからって毎日毎日ぐうたらするな。　여름방학이라고 매일같이 빈둥거리지 마.

夏休みに北海道へ行ったんだって。　여름휴가 때 홋카이도에 갔었대.

何言ってるんだよ。この前、俺が多く出しただろ。

무슨 얘기야. 요전에 내가 많이 냈잖아.

何言ってんの？　ばかじゃないの?　무슨 소리하는 거야? 바보 아냐?

何かあるとすぐにいっぱいいっぱいになる。　무슨 일만 있으면 곧바로 어쩔 줄 몰라 한다.

何がこう見えてだ?　뭐가 이래 보여도야?

何急に真顔になってんだよ。　왜 갑자기 정색하고 그래.

なにげにうまい！ 예상외로 잘 하네!

何？このへぼいキーホルダー。 뭐야? 이 이상한 열쇠고리.

何これー、めちゃめちゃうけるんだけどー。 뭐야 이거, 엄청 웃기네.

何したって、なに言ったって。 무엇을 하든 무엇을 말하든.

何じっと見てんだよ。 뭘 빤히 봐.

何してんだよ？ 뭐하고 있는 거야?

何？しょぼかった？ 뭐야? 완전 꽝이었어?

何それ？そんなの聞いてどうするのよ。 뭐야 그게? 그런 거 물어서 뭐해.

何それ、超うける。 뭐야 이거, 완전 웃겨.

何内緒話しての。私にも教えて。 무슨 비밀 얘기해? 나도 가르쳐 줘.

何にやにやしてるんだよ。気持わりいぞ。 뭘 그렇게 음흉하게 웃고 있는 거야. 재수 없게.

何にやにやしてんの。 능글맞게 왜 이래.

何はさておき、腹ごしらえをしよう。 다른 일은 제쳐놓고라도 배를 먼저 채우자.

何ぼーっとしてるの？ 뭘 그렇게 멍하니 있니?

何見てんの？ 뭐 보고 있는 거야?

何ムキになってんのよ。 뭘 그렇게 정색하고 그래.

何もかも俺のせいにするなよ。 뭐든지 내 탓으로 돌리지 마.

何も知らないくせに知ったかするな！バカ！ 아무것도 모르면서 아는 체 하지마! 바보야!

何やってたんだよ。まったく！ 뭐 하고 있었어. 진짜!

何よ、それ。あんたコスプレやるの？ 뭐야, 너 코스프레 하니?

何をそんなに怒ってんだよ。 왜 그렇게 화내는 거야.

何をぼやくしているのか。 무엇을 투덜대고 있느냐?

なのに誰も異議を唱えないっていうか。 그런데 아무도 이의를 제기하지 않는다니까요.

悩んだってしょうがないですよ。 고민해도 소용없어요.

なる早でというと、だいたいー。 빨리라면 대개ー.

何回言ったら分かるのよ。 몇 번 말해야 알아듣는 거야.

なんかいじめたくなっちゃう。 괜히 괴롭히고 싶어져.

1 다음 문장들을 괄호 속에 유의하면서 현재 일본 젊은 층들이 사용하는
간결한 반말체로 日訳을 해 보자.

1. 너무 좋은 부츠가 있어서 또 샀어. (ブーツ, ～ちゃう)

   ⇨

2. 괜찮아? 머지않아 신용불량자 블랙리스트에 올라도 몰라. (ブラックリスト, ～ぞ)

   ⇨

3. 어제부터 세일 해. 가 볼래? (バーゲン)

   ⇨

4. 아, 그러고 보니 조금 날씬해졌네. (スリムになる)

   ⇨

5. 아니야. 이건 남자친구한테 졸라서 샀지. (ねだる)

   ⇨

6. 오늘 미팅이니깐 멋 좀 내고 와. (合コン, おしゃれ)

   ⇨

7. 배고파. 내가 쏠 테니까 가자! (お腹空く, おごる)

⇨

8. 이 근처에 편의점 있지 않았나? (コンビニ, ～っけ)

⇨

9. 지금은 초등학생한테도 쁘띠 성형을 시키는 부모가 있대. (プチ整形, ～んだって)

⇨

10. 어, 봐서 티 안 날까? (ばれる)

⇨

11. 왜냐하면 남자친구한테 가슴 작다는 얘길 들었단 말이야. (貧乳, ～もん)

⇨

12. 응, 가끔은 예쁘게 보여야지. (～なきゃ)

⇨

믿고 있던 아버지가 바람을 피우다니.

~なんて, ~なんてな(なんてね), ~ぬ, ~ねえ

📖 기본문형

1 ~なんて

信じてた父が浮気するなんて。

もう恋なんてしない！

それでダイエットしてるなんてよく言えましたね。

> ~따위(なんか), ~라니, ~라고

믿고 있던 아버지가 바람을 피우다니.

이제 사랑 따윈 안 할 거야!

그래서 다이어트하고 있다고 잘도 얘기할 수 있었네.

2 ~なんてな(なんてね)

あなたのことが好きよ。なんてね。

> ~래나 뭐래나, ~랄까 뭐랄까(상황을 가볍게 농담처럼 넘기려는 의도)

너를 좋아해. 래나 뭐래나.

3 ~ぬ

春は来ぬ。

風と共に去りぬ。

> ~도다, ~했다(실현, 완료)

봄은 왔도다.

바람과 함께 사라졌다.

4 ~ねえ

できねえよ。

知らねえよ。

> ~ない의 축약

못해요.

몰라요.

ノースリーブを着る 민소매를 입다
連ドラ 연속극
ヤンキーの子供 날라리 자녀
水くさい 서먹하다
ぐうたらしてる 빈둥거리고 있다
カマトトぶる 내숭 떨다
かかってる曲 흘러나오는 노래
タメ語を使う 반말을 쓰다
しかめつらしく控えている 그럴싸하게 점잔 빼고 있다
顰めっ面をする 찌푸린 얼굴을 하다
荷物を引っくり返してる 짐을 다시 풀다
罰せられてしかるべきだ 벌 받아 마땅하다
毛先のみ脱色 뒷꼭지만 브릿치
僕の性に合わない 내 성격에 맞지 않다
グルメ 미식가
せこい 치사하다, 간사하다
キモかわいい 징그럽지만 귀엽다
いんちきくさい 사기 같다
ちょっときつい 조금 끼다
チンチン 남자의 성기
あんだよ(あるんだよ) 있다
自分勝手だ 제멋대로다
左利き 왼손잡이
懐がさびしい 돈이 없다
女々しい男 연약한 사내
髪を結う 머리를 땋다
染め上がりがすばらしい 염색이 훌륭하다
荷造りをする 짐을 싸다
応急手当てをする 응급처치를 하다
歯にしみる 이가 시리다
家賃を滞納する 집세가 밀리다

かかあ天下 부인천하
いけてるロン毛 멋있는 장발
後ろで束ねている 뒤로 묶다
やけ酒をあおる 홧술을 들이키다
いい子ぶっている 착한 척하다
食事つきあう 밥 먹으러 같이 가다
逆ギレ 자신의 잘못인데 거꾸로 심하게 화내다
ちんぷんかんぷんだ 도통 모르겠다
空喜び 헛기쁨
しゃ降りになりそうだ 억수같이 쏟아질 것 같다
列に割り込む 줄에 새치기하다
取り柄 장점
あまい言葉で女を落とす 달콤한 말로 여자를 유혹하다
テレセラー 텔레비전에 출연하여 베스트셀러가 된 것
プリ(プリントクラブ) 스티커 사진
ババシャツ着る 내복 입다
どんくさい 둔하다
いくじがない 패기가 없다
まぬけ 머저리, 얼간이
てめえ 네놈, 이 자식
恋に不器用だ 사랑에 서툴다
口がさびしい 입이 심심하다
ごろごろする 뒹굴뒹굴하다
目盛りを読む 눈금을 읽다
貨物を陸揚げする 뱃짐을 풀다
反りが強い 너무 휘어지다
荷物をほどく 짐을 풀다
医者にかかる 의사에게 치료를 받다
利子を払う 이자를 갚다
車を回す 차를 대다

車にひかれる 차에 치이다
チャンスをつかむ 기회를 잡다
しおりを挟む 책갈피를 끼우다
ふるいにかける 체로 치다
ご祝儀を渡す 축의금을 내다
出席をとる 출석을 부르다
電灯を取りつける 전등을 달다
ふんだんに使う 흥청망청 쓰다
忌引で欠席する 喪故로 결석하다
すばしこい(すばしっこい) 빠르다, 민첩하다
こうこうと輝く 휘황하게 빛나다
勝ち気な女 억척스러운 여자
どっかりと腰をおろす 털썩 앉다
内気な人 암띤 사람
ちょくちょく見掛ける 이따금 눈에 띄다
正義感のかたまり 정의감으로 똘똘 뭉친 사람

着払いにする 착불로 하다
千切りにする 채를 썰다
物心が付く 철이 들다
胃もたれする 체하다
出生届けを出す 출생신고를 하다
スカートを履く 치마를 입다
目をかける 돌보아 주다
きびきびした文章 명쾌한 문장
一年生を受け持つ 1학년을 맡다
男の心をとろかす 남자의 마음을 사로잡다
負けん気の強い子供 경쟁심이 강한 아이
上役の機嫌をとる 상사의 기분을 맞추다
とっつきのよくない人 첫인상이 좋지 않은 사람
不安でならない 불안해서 못 견디다
弱り目に祟目 설상가상

《ナ行 2》

何回も電話したのにどうして出ないんだよ。	몇 번이나 전화했는데 왜 안 받아!
何回も話し合ったじゃないか。	몇 번이나 이야기 했잖아.
なんか会社でハブられてる気がする。	왠지 회사에서 따돌림 당하는 기분이 들어.
何か彼女と出会ってから急にびびっちゃって。	왠지 그녀와 만나고 나서 갑자기 부담스러워져서.
なんかキモイ。	왠지 징그러워.
何か焦げ臭くない？	뭔가 타는 냄새 안 나?
なんか事故った？	무슨 사고 쳤니?
なんか、その言い方やらしい。	왠지 그 말 징그러워.
なんか楽しいことねえのかな。	뭔가 재미있는 일 없나?
なんかミスったでしょ！	뭐 사고쳤지?
なんかムカつかない。	왠지 열받지 않니?
なんかやらかしたの？	무슨 일 저질렀지?
なんだか、もうお腹すいちゃった。	웬 일인지 벌써 배가 고파졌어.
何だよ、それ。マジかよ。	그게 뭐야. 진짜야?
何だよ？そんなこと常識だべ。	뭐야? 그런 건 상식이잖아.(방언, 아오모리)
何だよ。使えねえーな。	뭐야. 인생에 도움이 안 되는구먼.
何でいきなり怒るんだよ。	왜 갑자기 화를 내는 건데?
なんで？おっかしいなあ。	왜? 이상하네.
なんで俺にばっか荷物持たせるんだよ。	왜 내만 짐 다 들어야 해.
なんで、俺の女に手出したんだよ。	왜 내 여자친구에게 작업 건 거야?
なんで断れないの？	왜 거절 못하니?
なんでこんなに遅れたの？	왜 이렇게 늦었니?
何で知ってんの？	어떻게 알았지?
なんで下ネタなんか言ったの？	왜 야한 얘기 같은 걸 했어?

なんで、そんな感じに見える？　왜, 그렇게 보여?

何でそんなに沈んでんの？　왜 그렇게 풀이 죽어 있어?

なんでだよ。ラブラブだったんじゃねえの？　왜? 러브러브였던 거 아니었어?

何で飛行機苦手なの？　왜 비행기 못 타는 거야?

何でも、乗ればいいってもんじゃないのだ。　뭐든 탄다고 다 되는 게 아니었어.

なんで笑ってんだよ。　왜 웃어?

何とかおさまったんだけどね。　어떻게든 진정은 됐지만.

なんもないって。　아무 일 없어.

似合わないからやめろよ。　안 어울리니까 그만해.

日曜日ぐらいのんびりさせてくれよ。　일요일 정도는 좀 편하게 해줘.

入学祝いがお預けになった。　입학 축하는 말뿐이었어.

人間って見るなって言われたら、余計に見たくなる。
사람은 보지 말라고 하면 오히려 더 보고 싶어지는 거지.

人数分お皿が揃ってないじゃない？　사람 수만큼 접시가 갖추어져 있지 않잖아?

脱がなきゃ分からんなくない？　벗지 않으면 모르잖아?

ねえ、教えてよ。気になるでしょ。　야, 좀 가르쳐 줘. 궁금하잖아.

ねえ、このマスコット、キモかわいくない？　야, 이 마스코트 좀 징그럽지만 예쁘지 않니?

ねえ、モタモタしてないで、好きだったらアピってみなよ。
우물쭈물 하지 말고 좋아한다면 대시해 봐.

ねえ、私って何なの？　있잖아. 난 네한테 뭐야?

ねえ、私って見た感じ、日本人っぽい？　있잖아, 나 겉으로 보기에 일본인 같니?

猫かぶるな！　내숭 떨지 마!

ねぼけてんじゃねえさ。　잠꼬대하지 마.

のどがいかれちゃった。　목이 쉬었어.

のど自慢出てた？　노래자랑 나갔었어?

ノープロ、ノープロ！　문제없어, 문제없어!

はあー、いいことないなー。	휴—, 좋은 일이 없네.
はあ、女の子って大変！	아휴, 여자는 힘들어!
はあ？誰に向かって口きいてんだよ。	뭐라고? 누구한테 지껄이는 거야?
はあ、まいるよ。	진짜 미치겠어.
バイト君に聞くったってさ。	아르바이트생에게 물어봐도.
バイトするのいやがってるんだよ。	알바하는 거 싫어해.
バイト代もらっただろ。おごって。	알바비 받았지? 한턱 쏴!
バイト二つもやってんの？	알바 두 개나 하니?
はいはい。勝手にやれ！	그래 그래. 마음대로 하셔!
はいはい、飲んで。	자자, 마셔.
バカじゃなねえの？	바보 아니야?
初めて会う人でもあるまいし、何照れてんの。	처음 만나는 사이도 아닌데 뭘 그렇게 쑥스러워 해.
パソコンのメアドあるよね。	이메일 주소 있지?
働いても、金がおいつかねえや。	일을 해도 돈이 남아나질 않네.
はっきり言ってうざい。	솔직히 말해 재수없어.
バック買わされて、着信拒否だよ。	가방 사 주고 전화 착신거부 당했어.
バックで駐車するのってむずい？	후진주차 어려워?
初恋の人のことを思い出すと「ほっこりする」んだって！	첫사랑 상대를 생각하면 '마음이 짠해진다'던데!
初デートだったのに約束すっぽかされたんだって。	첫 데이트였는데 바람맞았다며.
バッテリーなくなりそう。	배터리가 나갈 것 같아.
パーツは全部買った？	부품은 다 샀어?
ばつ悪くて。一日も持たない。	겸연쩍어서. 하루도 못 버텼어.
話があんだよ。ちょっと顔貸せよ。	할 말이 있어. 잠깐 나와.
鼻血が出たくらいへっちゃらだ。	코피가 난 것쯤이야.
花より団子っていう言葉もあるじゃん。	금강산도 식후경이라는 말도 있잖아.

早く行かないと。　　　　　　　　　　　　　　　　빨리 가야지.

早く来てって言ったのに、どこで油を売ってきたの？

　　　　　　　　　　　　　빨리 오라고 말했는데 어디서 농땡이 부리고 온 거야?

バリ島のエステって最高なんだって。　　　　발리 섬의 에스테가 최고래.

1 다음 문장들을 괄호 속에 유의하면서 현재 일본 젊은 층들이 사용하는
간결한 반말체로 日訳을 해 보자.

1. 변비가 있어 왠지 시원하지 않아. (便秘, すっきり)

   ⇨

2. 배에 군살이 붙어 좀처럼 안 빠져. (ぜい肉がつく)

   ⇨

3. 혹시 나잇살? 앗! 미안. (もしかして, 中年ぶとり)

   ⇨

4. 엣, 그렇게 안 보여. 정말 어려 보이네. (若く見える)

   ⇨

5. 아니야, 안 돼. 더치페이 하자. (割り勘)

   ⇨

6. 거짓말! 안 그래. 다이어트해서 성공했단 말이야!(ダイエット)

   ⇨

7. (너) 피부 관리 해야겠다. (お肌のお手入れ, ～なくちゃ)

   ⇨

8. 하지만 머릿속은 텅텅 비었고 성격 좀 이상하지 않냐?(空っぽ)

   ⇨

9. 화장이 잘 먹어서. (化粧のりがいい)

   ⇨

10. 그럼 시켜 먹을래? (出前)

   ⇨

11. 왜 그래? 아까부터 한숨만 쉬고. (ため息をつく)

   ⇨

12. 어떡해. 눈 밑에 다크서클이 생겼어. (クマができた)

   ⇨

MEMO
NOTE

 제14과 두 번 다시 가지 않겠어.

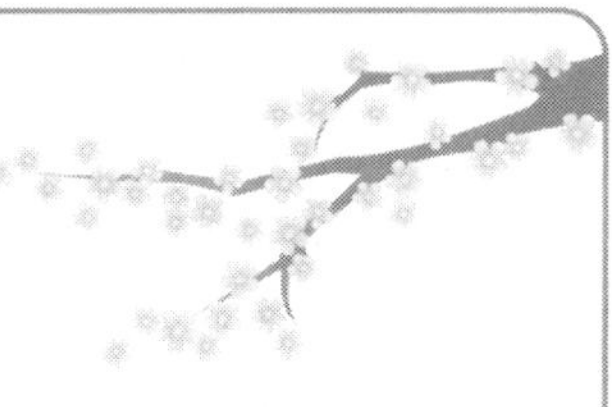

~まい, ~ものだ, ~ものを, ~もん

📖 기본문형

1 ~まい

〜하지 않겠다(부정 의지), 〜하지 않을 것이다 (부정 추측)

二度と行くまい。

두 번 다시 가지 않겠어.

彼女は来るまい。

그녀는 오지 않을 것이다.

2 ~ものだ

〜이기 마련이다, 〜인 법이다(보편적인 진리, 당연함)

あの映画に感心させられてもう一度見たいものだ。

그 영화에 감동받아서 또 한 번 보기 마련이다.

3 ~ものを

〜인데, 〜일 텐데, 〜인 것을

電話をくだされば車でお迎えにまいりましたものを。

전화를 주셨더라면 차로 마중을 나갔을 텐데요.

4 ~もん

〜인걸, 〜란 말이지(자신의 주장, 정당성)

悲しいもん。

슬픈걸.

体の調子が悪かったんだもん。

몸 상태가 안 좋았는 걸.

もらいっぱなしじゃいやだもん。

받기만 하는 건 싫단 말야.

涙ながらに語る 울면서 이야기하다

災難に見舞われる 재난을 당하다

送信済みトレイ 보낸 편지함

詰問をはぐらかす 힐문을 얼버무리다

とぼとぼと歩く 터벅터벅 걷다

下心があるわけではない 속셈이 있는 것은 아니다

コツがつかめてきた 요령을 알 것 같다

一杯引っ掛ける 한잔 들이키다

どろを捏ねる 진흙을 빚다

積立金を割り戻す 적립금 중 일부를 반려하다

兄の肩を持つ 형의 역성을 들다

ぼろぼろになる 기진맥진하다

一括で 일시불로

どっちもどっちだ 둘 다 똑같다

くさってる 썩어빠지다

オールする 밤새우다

こってる 빠져 있다

手相 손금

何年 무슨 띠

図星をさす 핵심을 찌르다

理詰めで考える 이치로만 생각하다

後釜に座る 후임으로 앉다

帳消しになる 말소되다

パソコンの電源を消す 컴퓨터를 끄다

豆を煎る 콩을 볶다

打ち身になる 타박상을 입다

衣をつける 튀김옷을 입히다

ひいきする 편을 들다

投げ売りをする 폭탄세일을 하다

プリンターに紙が詰まる 프린트기에 종이가 끼이다

迷惑メールフォルダ 스팸편지함

プリントアウトする 출력하다

演説の下書き 연설의 초안

今はお手上げだ 지금은 어찌할 도리가 없다

人間のかす 인간 찌꺼기

利回りがよい 이익 배당률이 좋다

友だちをはぐらかす 친구들을 떼어 놓다

炊き出しをする 밥을 지어 돌리다

取っておきの秘策がある 비장의 비책이 있다

振り出しに戻った 출발점으로 되돌아왔다

分割で 할부로

忙しくて目が回る 바빠서 정신이 없다

使えない 도움이 안 되다

デートまでこぎつける 데이트까지 하기에 이르다

初耳 금시초문

今日の占い 오늘의 운세

星占い 별점

親知らず 사랑니

五分利付き債券 5푼 이자부 채권

悪酔い 숙취

知恵敗け 제 꾀에 넘어감

よだれを垂らす 침을 흘리다

もやしを茹でる 콩나물을 삶다

ざく切りにする 큼직하게 썰다

テープがからまる 테이프가 엉키다

ファイルを呼び出す 파일을 열다

ラッピングしてもらう 포장해 주다

草むしりをする 풀을 뽑다

プラグを差し込む 플러그를 꽂다

血の気が引く 핏기가 가시다

主張を突き通す 끝까지 주장하다

筒抜けに耳に入る 그대로 새어서 귀에 들어가다

辻演説 가두연설

目の皮がたるむ 거슴츠레해지다

列をゆがめる 줄을 비뚤어지게 하다

のりをあぶる 김을 굽다

尻込みをする 꽁무니를 빼다

ころころと太った子犬 통통하게 살찐 강아지

破天荒の人事 이례적인 인사

質問を往なす 질문을 가볍게 받아넘기다

パンをばくつく 빵을 덥석덥석 먹다

ページをはぐる 페이지를 넘기다

一行にはぐれる 일행을 놓치다

すげない返事 쌀쌀한 대답

並外れた成績 뛰어난 성적

血を採る 피를 뽑다

衣装を賃貸しする 의상을 대출해주다

贈り物を突っ返す 선물을 냉정하게 물리치다

ゆうゆう座れる 넉넉히 앉을 수 있다

かすがたまる 앙금이 앉다

締った顔 긴장된 얼굴

湯気が立つ 김이 나다

仮病を使う 꾀병을 부리다

損割りをあたえる 손해를 주다

鼻の下が長い 여자에게 무르다

しがない家業 보잘 것 없는 직업

靴がぱくぱくする 구두가 터져 빠끔히 벌어지다

手形をぱくられる 어음을 날치기당하다

ずさんな著書 조잡한 저서

飲み助(のんべえ) 술꾼

並大抵の努力ではない 이만저만한 노력이 아니다

《ハ行 2》

ばれないかとずっとびびってたんだよ。	들킬까봐 내내 쫄았지.
判定なんてださいこと考えんじゃないよ！	판정 따위 촌스러운 거 생각하고 있을 때가 아니야!
パンでお腹パンパン。	빵으로 배 빵빵해.
ハンドバッグ持ってあげている男ってどう思う？	핸드백 들어주는 남자 어떻게 생각해?
飛行機のチケット、キャンセルしなきゃ。	비행기 티켓 취소해야 해.
久しぶりにスイーツ食べに行く？	오랜만에 디저트 먹으러 갈래?
久々にオケったしね。	오랜만에 가라오케도 갔고.
久々にオケる？	오랜만에 노래방 갈래?
引っ越しするって聞かされて。	이사간다고 들어서.
人がどうあれ、自分が幸せだと思えばそれでいいんだよ。	
	남이 어떻든 간에 자신이 행복하다고 생각하면 그걸로 되는 거야.
人のこと言うなよ。あんたも一緒じゃん。	남의 말 하지 마. 너도 마찬가지잖아.
人のことに口出しするな。	남의 일에 참견하지 마.
人のこと悪く言うと、必ず自分に返ってくるって。	
	타인에 대해 나쁘게 말하면 반드시 자신에게 되돌아온다고 해.
人は見かけによらぬものってことでしょ。	사람은 겉보기랑은 다르다는 것 아니겠어.
一目惚れって信じる？	첫눈에 반한다는 거 믿어?
独り暮らししてんの？	자취해?
一人でいい子ぶって。	혼자 잘난 척 하고.
悲鳴上げるか、ぶっ倒れてるよ！	비명을 지르던가, 푹 쓰러져 있는다구!
干物女になっちゃだめだよ！	그렇게 귀차니즘에 빠져 있으면 안 되지.
美容院予約したんだって。	미용실 예약했다니까.
ピンボケだ。	핀트가 안 맞았어.
ふうん、そうなんだ。	응―, 그렇구나.

部下が年上とかやりづらいんだよ。　부하가 나이가 많다든가 하면, 일하기 힘들어.

部下に押し付けてるなんて思ってないよね。　부하에게 억지로 떠맡긴다고 생각하는 거 아니지!?

ふざけんなよ。　까불지 마.

二股、しんどくない？　양다리 안 힘들어?

普段はプライベート第一で、仕事なんてそっちのけ。

평상시에는 개인적인 일이 우선이고 일은 뒷전이야.

プチ整形しようか悩んでるんだ。　쁘띠 성형 할까 고민 중이야.

普通じゃねえよ！　보통이 아니라구!

ぶっ殺すぞ。　죽여 버릴 거야.

太ってズボンきちきち！　살쪄서 바지가 너무 껴!

雰囲気しらけるからほんと迷惑だな。　분위기 깨지니깐 진짜 민폐야.

ふん！　女だからってなめんじゃないわよ！　흥! 여자라고 우습게 보지 말란 말야.

ふーん、そうなんだ。いいなー。　흥―, 그래. 좋겠다.

平気。俺んちすぐそこだから。　괜찮아. 우리 집 바로 요기니까.

へえー、あんたってそんな趣味あったんだ。　허, 너 그런 취미도 있었구나.

へえ、下ネタオッケーな子もいるんだ。　허, 음담패설 받아주는 애도 있구나.

へえー、そうなんだ。　와―. 그랬구나.

へえ、パリって、いいイメージあるけどね。　뭐라고, 파리는 좋은 이미지인데―.

へえー、フケメンだな。　에이―, 얼굴이 삭았네.

へ？　それってネカマじゃん。　뭐? 그거 온라인 여장 남자잖아.

別に謝らなくてもいい。　별도로 사과하지 않아도 돼.

別にあんたに何かするってわけでもないじゃん。　딱히 너한테 뭔 짓 하는 것도 아니잖아.

へば、またな。　그럼, 또 보자. (방언, 아오모리)

ベランダから飛び降りたんだってさ。　베란다에서 뛰어내렸대.

変な客を乗せちゃったなあ。　이상한 손님을 태웠네.

豊胸って、今簡単にできるんだって。　유방 확대는 요새 간단히 된대.

冒険して変になったらやだもん。　모험해서 이상해지면 싫은 걸.

他の女といちゃつくのやめてほしいよ。　딴 여자랑 노닥거리는 건 그만뒀으면 좋겠어.

僕はあなた一途。　난 일편단심 너뿐이야.

僕は元気っす。　저는 잘 지내요.

欲しいものはどんなことがあっても絶対ほしいって。
갖고 싶은 것이 있으면 어떻게 해서든 갖겠다고 하지.

ぽっちゃりの方がかわいいぜ。　통통한 게 더 귀여워.

ほっといてくれ！　내버려 둬.

ホテルの朝食って、バイキング多いんだって。　호텔 아침식사 뷔페가 많대.

ボランティアでもはじめたらいいじゃない。　자원봉사라도 시작하는 게 어때?

惚れた方が負けなんだから。　반한 쪽이 늘 패자니까―.

本気でしばくなよ！　진짜로 패지는 마!

本気でそう思っているのか。　정말로 그렇게 생각해?

ホント、うざいよね。　왕 짜증나지.

本当だって。　정말이라니깐.

本当だよな。男にとっては、どうでもいいよな。　정말 남자한텐 별로 상관도 없는데 말이지.

本当に痛かったもん。　정말로 아팠는 걸.

本当に好きな人じゃないと、しちゃ駄目だよ。
정말로 사랑하는 사이가 아니면 그런 짓을 해서는 안 돼.

本当に世話がやけるな。　정말 귀찮게 하네.

本当に世話を焼けるな。　정말 귀찮게 해.

本当に私でいいの？　정말 나로 괜찮아?

ほんと、ごぶさただよな。　맞아, 뜸했지.

ほんとだって。　진짜라니깐.

ホントだってば。　진짜라니까.

ホントだよな。まじ怖かったよ。　진짜 너무 무서웠어.

ほんとわがままだよね。　정말 제멋대로이지 않나?

1 다음 문장들을 괄호 속에 유의하면서 현재 일본 젊은 층들이 사용하는
간결한 반말체로 日訳을 해 보자.

1. 앗, 진짜다. 팬더곰 같아. (パンダ)

   ⇨

2. 배탈 났어? 약 먹었어? (お腹壊した)

   ⇨

3. 정말 맛있어. 누룽지 또한 맛있지. (おこげ)

   ⇨

4. 얼마 전 여자친구랑 싸웠어. (〜ちゃう)

   ⇨

5. 차였어. (振られる)

   ⇨

6. 그러니깐 기대하지 말랬잖아. (〜じゃん)

   ⇨

7. 와ー, 어디서 빰 맞고 화풀이야. (八つ当たり)

   ⇨

8. 뭐, 이런 것도 모른다고? 이거 요샌 상식이야! (常識)

   ⇨

9. 있잖아. 헤어지려고 하는데 어떻게 생각해? (別れる)

   ⇨

10. 이번 들어온 맥도날드 남자점원 진짜 잘 생겼지 않니?(マック, パネェ)

   ⇨

11. 아, 그렇구나. 그런데 왜?

   ⇨

12. 이득이란 말이지. (得する)

   ⇨

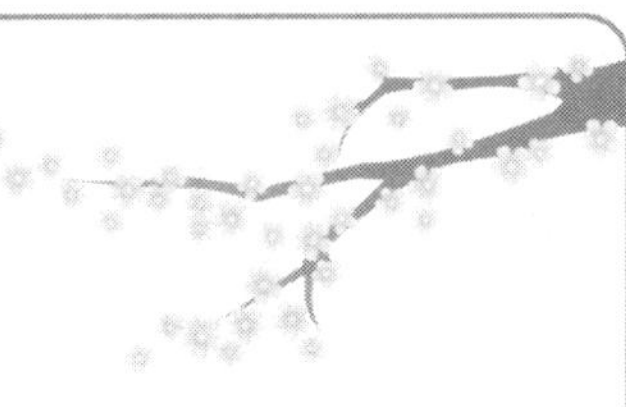

~もんか, ~や, ~やがる, ~をおいて

📖 기본문형

1 ~もんか

君（きみ）なぞに負（ま）けるもんか。

~ 할까보냐, ~ 하지 않겠다(강한 부정의지)

너 따위에 질소냐.

二度（にど）とあいつと会（あ）うもんか。

두 번 다시 그놈과 만나나 봐라.

2 ~や

はやく行（い）こうや。

~ 하세, ~ 야

빨리 가세나.

3 ~やがる

ふざけやがって。

~ 하고 지랄이야(멸시, 증오하는 의미로 막하는 말)

까불고 지랄이야.

4 ~をおいて

この地域（ちいき）をおいて、ほかにはない。 이 지역을 제외하고 달리 없다.

袖丈(そでたけ) 소매 길이

すそ周(まわ)り 밑단 둘레

ギャル顔負(かおま)けで 젊은 여성 뺨치게

くそったれ 빌어먹을 놈

おやじキラー 아저씨들이 좋아하는 타입

くらっときた (남자들이 여자에게) 뻑 가다

大(おお)きな顔(かお)をする 잘난 체하다

お腹(なか)がパンパン 배가 터질 것 같다

バックパック 배낭여행

格安(かくやす)チケット 저가 항공권

傷心旅行(しょうしんりょこう) 혼자 떠나는 여행

末長(すえなが)く連(つ)れ添(そ)う 백년해로하다

腹(はら)が出(で)っ張(ば)る 배가 불룩 나오다

原価(げんか)を切(き)る 원가 이하로 낮추다

お代(か)わりする 한 그릇 더 먹다

一駅(ひとえき)乗(の)り越(こ)す 한 정거장 지나치다

分割払(ぶんかつばら)いで買(か)う 할부로 사다

布巾(ふきん)を搾(しぼ)る 행주를 짜다

胴上(どうあ)げをする 헹가래를 치다

水(みず)をきる 물기를 없애다

遠出(とおで)してもかまわない 멀리 나가도 괜찮다

湯(ゆ)に上(のぼ)せる 목욕 중에 현기증이 나다

行(ゆ)き着(つ)けの店(みせ) 단골가게

襞(ひだ)をつける 주름을 잡다

情操教育(じょうそうきょういく) 정서 교육

ファスナー 지퍼

かたことまじりの英語(えいご) 더듬거리는 영어

爪(つめ)を剥(は)がす 손톱을 벗기다

慈善事業(じぜんじぎょう)と銘打(めいう)つ 자선사업이라는 명목을 내세우다

女(おんな)を引(ひ)っ掛(か)ける 여자를 낚다

肩幅(かたはば) 어깨폭

やんちゃを言(い)う 떼를 쓰다

ぷっつん 나사 풀린 사람

キャバ嬢(じょう) 호스티스

エロ顔(がお) 섹시한 얼굴

幸薄(さちうす)い顔(かお) 빈티 나는 얼굴

顔(かお)がむくんでる 얼굴이 붓다

パック 패키지 여행

イタ飯(めし) 이탈리아 음식

疎(うと)い 잘 모르다, 머리가 둔하다

踵(きびす)を返(かえ)す 발길을 되돌리다

出(で)すぎた干渉(かんしょう) 지나친 간섭

仏(ほとけ)に香華(こうげ)をたむける 불전에 향화를 바치다

酢(す)で和(あ)える 초에 무치다

一杯(いっぱい)だけにする 한 잔만 하다

よそ見(み)をする 한눈을 팔다

行(ゆ)き先(さき)を告(つ)げる 행선지를 말하다

陰口(かげぐち)を言(い)う 험담을 하다

すすぐ 헹구다

根(ね)も葉(は)もないうわさ 근거 없는 소문

顔(かお)が火照(ほて)る 얼굴이 화끈해지다

親切(しんせつ)めかす 친절한 척하다

立(た)ち暗(くら)み 일어섰을 때 느끼는 현기증

駅(えき)で落(お)ち合(あ)う 역에서 서로 만나다

ちゃっかりした奴(やつ) 빈틈없는 놈

まろやかだ 둥글다

狐(きつね)に化(ば)かされた 여우에게 홀렸다

分(ぶん)をわきまえる 분수에 걸맞게 언동하다

負(ま)け惜(お)しみを言(い)う 억지를 쓰다

肩身が広い　떳떳하다, 자랑스럽다
皆を冷やかす　모두에게 겁주다
正気を失う　정신이 나가다
ぶりっこする　내숭 떨다
澄し屋　새침데기
髪の毛をくくる　머리를 묶다
喉を潤す　목을 축이다
ジャニーズ系の人　젠틀한 사람
大仰な身ぶり　과장된 몸짓
お茶をすすっている　차를 마시고 있다
腿を裂いて腹を満たす　이익을 보려다가 도리어 자기가 희생되다
へこみすぎる　너무 가라앉다
へこんだまま席についている　축처져 자리에 앉아 있다
ずる休みする　꾀병부리며 쉬다
スクープ　특종
みんなして父さんをはみにする　모두 아버지를 따돌리다

うとうと寝てしまう　꾸벅꾸벅 졸다
おつけものを入れる　반찬을 담다
腰をくねくねさせる　허리를 비비 꼬다
すまし顔　새침한 얼굴
絶対にぼられる　완전 바가지 쓰다
お菓子をつまむ　과자를 안주 삼다
ちょっと苦手だ　좀 부담스럽다
マッチョな男の人　몸짱
足が竦む　발이 움츠러져 꼼짝달싹도 못하다
人を上げ下げをする　사람을 추어올렸다 내리 깎았다 한다
書店に並ぶ　서점에 놓이다
なかなか寝付けなかった　좀처럼 잠들 수 없었다

《マ行 1》

まあ、これからの勉強代だと思ってよ。　어쩌겠나, 수업료라고 생각해.

まあ、好きにして。　뭐, 마음대로 해.

まあ、ニート生活してる若者ってどう思う？　음, 백수 생활하는 젊은 애들 어떻게 생각해?

まあまあ、そう熱くならないで。　자, 자, 너무 그렇게 흥분하지 마.

まいった！口滑らせちゃった。　큰일 났어! 말실수 했다.

まいったよ。デート中に、彼女にマジギレされた。

큰일 났어. 데이트 도중에 여자친구가 열 받아서 폭발했어.

前から欲しいって言ってたでしょ？　전부터 갖고 싶다고 했었지?

前から欲しがってたやつね。　전부터 사고 싶어 했던 거지!

前の女がグズグズしてて、いらついたよ。　앞 여자가 꾸물거려서 짜증났어.

前の病院じゃオペで治るって言われたんだから。

이전 병원에서는 수술하면 낫는다고 했단 말이야.

前は一緒にいるだけでいいって言ったのに。まったく！

전에는 함께 있는 것만으로 좋다고 했었는데. 정말이지!

前向きに行こうぜ。　긍정적으로 생각하자구.

前も同じこと言ってたし。　전에도 똑같은 얘기했었어.

負け犬の遠吠えみたいだよ。　너 보기 안 좋아.

マジありかよ。　정말 말도 안 돼!

マジ、うぜえー。　진짜 짜증 나.

マジおかしいの。　진짜 웃겼어.

まじキレだ。　진짜 열 받았어.

マジ、根性くさってる。　진짜 근성이 썩어빠졌어.

マジ？ じゃ、ホモってこと？　진짜? 그럼 동성애자라고?

マジで彼に告るつもり？　진짜로 그 사람한테 고백할 생각이야?

マジ、とろいよね。　　진짜 맹하다니깐.

マジわりい。　　진짜 미안하다.

ま、その分、いい思いもしてるけどね。　　그만큼 우리한테는 좋지 뭐.

また、うるうる親子とか言われちゃうもんね。　　또 글썽글썽 부자라고 할 거야.

また、女ひっかけてーな。　　또 여자애들 꼬셔 놀고 싶어.

まだ食うの！って言われたりするけどスイーツは別腹って答えるの。
더 먹으려고! 라며 핀잔을 주지만 디저트 배는 따로 있어 하고
대답하지.

まだなんだって。　　아직이래.

まだ根に持ってるわけ？　　아직도 꽁하고 있어?

またパソコン凍っちゃった。　　또 컴퓨터 다운됐어.

また人妻に手を出したんだって？　　또 유부녀한테 작업 걸었다면서?

また、変なの見てるんだろ！　　또 이상한 거 보고 있지?

またまた冗談言っちゃって。　　또 또 농담하는구나.

また元カレにバッタリ会っちゃってさ。　　또 전 남자친구랑 딱 마주친 거야.

また、悪さしたんじゃないの？　　또 뭔가 실수한 거 아냐?

まったく、知ったかぶりもほどほどにしてほしいよね。　아는 척 좀 그만 했으면 좋겠어!

まったくの期待外れだな。　　전혀 기대했던 것과 딴판이군.

マナーモードにしなきゃ。　　진동으로 해 놔야지.

学んだことを忘れずに生きていってほしい。　　배운 것을 잊지 않고 살았으면 해.

間に合わなくなっちゃう！　　늦는단 말야.

周りから太った？って言われて。　　주변에서 살쪘니? 라는 이야기를 들어서.

見栄はっちゃって。　　허풍 떨기는.

身から出た錆びだろう?　　자업자득이잖아?

見たかよ、あいつの今日のファッション、超ださい。　봤어? 걔 오늘 패션 완전 촌스러워.

見たまんまじゃねえか。　　보이는 그대로잖아.

見た見た。あれはないよなあ。　　봤어봤어. 정말 심하지.

三つ児の魂百までっていうから早く直した方がいいよ。

세 살 버릇 여든까지 간다 하잖아. 빨리 고치는 것이 좋아.

見られてるから俺ってかっこいいーとか思っているかも！ 쳐다보니깐 자기가 멋진 줄 알아!

みんなも学校をぶっちしたくなる時ってない？　여러분도 학교를 땡땡이치고 싶을 때 없어?

迎えにきて。　데리러 와.

昔の彼から、おひさってメールがきたんだ。　옛 남자친구한테서 오랜만이라고 메일이 왔어.

むかつくのはお互い様さ。　열 받는 것은 피장파장이야.

報われない世の中だよ。まったく。　보람이 없는 세상이야, 나 원참.

向こうに行っても元気でね。　그쪽 가서도 건강히 잘 지내.

無理に決ってんじゃん。　당연히 무리지.

メアド変えたら？　메일 주소 바꾸는 게 어때?

めっちゃ暇。　완전 한가해.

目と鼻の先でしょ。お願い！　엎어지면 코 닿을 데잖아. 부탁해!

メールアドレス変えたって言わなかったっけ？ 메일 주소 바꿨다고 말하지 않았던가?

メール送ったんだけど、返事がこん。　메일 보냈는데 답장이 없어.

面倒くせーから、いいや。　귀찮으니까 됐어.

めんどー。自分で行ってきな。　귀찮아. 네가 갔다 와.

もういい。こういうのを目くそ鼻くそを笑うって言うんだよ。

그만 됐어. 이런 걸 똥 묻은 개 겨 묻은 개 나무란다고 하는 거야.

もういいって。　이제 됐으니까 그만해.

もう一回朝帰りしたらおやじに殺される。　한 번만 더 외박하면 아버지한테 맞아 죽어.

もう一週間話してねえ。　벌써 일주일째 말 안 해.

もううんざりだ。　이제 지겨워.

もう！　お父さんは小言ばっかり！　쳇! 아빠는 잔소리만 해!

もう、お姉ちゃんたらしかとしないでよ。　언니, 정말 못 본 체 할거야?

もう完全にできあがってるよ。　벌써 완전 취했어.

もう聞くなよ。

もう警察に通報すれば？

もう最悪。めちゃくちゃ不細工だった！

もう死んでって感じ。

もう少し丁寧に洗って。

もうそれガラクタだね。

もう中学生になるとばい。

もうちょい。

もう超じれったい。

더 이상 묻지 마.

아예 경찰에 신고하지 그래?

정말 최악이었어. 완전 폭탄!

확 죽어 버렸음 하는 생각이 들었어.

좀 더 정성 들여서 씻어.

그거 이제 고물이 다 됐네.

이제 중학생이 되는 거야. (방언, 하카다)

조금 남았어.

정말 답답해.

1 다음 문장들을 괄호 속에 유의하면서 현재 일본 젊은 층들이 사용하는
간결한 반말체로 日訳을 해 보자.

1. 왠지 기분이 좋아 보이네. (~じゃん)

   ⇨

2. 뭐, 진짜? 혹시 재결합? (元さや)

   ⇨

3. 벌써 착신 거부해 놨어. (着信拒否, ~もん)

   ⇨

4. 좋아. 웬 일이야, 폰카 다 찍자고 하고―. (写メ, ~なんて)

   ⇨

5. 그렇구나. 잔머리지만 대단해! (悪知恵)

   ⇨

6. 아니, 요즘 한 번 울리고 끊는 전화가 많아서. (ワン切り)

   ⇨

7. 그럴 리 없잖아. 정말 고생하고 있다니깐. (悩む)

⇨

8. 이봐, 가끔은 외국인이랑 사귀어 보고 싶어. (付き合う)

⇨

9. 아니, 순수하게 친구로서 말이야. (真面目に)

⇨

10. 아, 큰일이네. 어쩌지? (やばい)

⇨

11. 벨소리 바꿨네. (着メロ)

⇨

12. 그러니깐 노력하고 있잖아. (～じゃん)

⇨

MEMO
NOTE

~をおして, ~ん, ~んだ, ~んだって

📖 기본문형

1 ~をおして
> ~을 무릅쓰고

病をおして働いている。

병을 무릅쓰고 일하고 있다.

2 ~ん
> ~ない의 축약

分からん！

몰라.

要らん！

필요 없어.

3 ~んだ
> ~어야 한다, ~어라(설명, 강조)

つべこべ言わずに言うとおりにするんだ。

이러쿵저러쿵 말하지 말고 말하는 대로 해.

4 ~んだって
> ~래, ~대(전문 표현 중, 반말체에 쓰인다)

バカなんだって。

바보래.

ねむいんだって。

졸린대.

好きなんだって。

좋아한대.

サボるんだって。

땡땡이친대.

真相を突き止める 진상을 밝혀내다

プチトマト 미니토마토

エク(エクステ)をつける 붙임머리를 하다

ちょめちょめする(エッチする) 거시기하다

グラビア 수영복 사진을 찍는 미소녀 모델

コスプレ 코스프레

むらむらする 흥분되다

元祖カツ丼 원조 돈가스덮밥

スッチー(スチュワーデス) 스튜어디스

ラブホ(ラブホテル) 러브 호텔

手数料をとる 수수료를 받다

レート 환율, 이율

膝が擦りむける 무릎이 까지다

青田買い 졸업 전 입사계약을 맺는 일

超タカビーな女 엄청 콧대 높은 여자

厭味なことを言われる 싫은 소리를 듣다

お銚子をつける 술을 데우다

手慰みに絵をかく 심심풀이로 그림을 그리다

胴回りを測る 허리둘레를 재다

婚姻届けを出す 혼인신고를 하다

換気扇を回す 환풍기를 돌리다

会議が長引く 회의가 지연되다

一等を取る 1등을 하다

五階へ上がる 5층으로 올라가다

悪の権化 악의 화신

大根を短冊に切る 무를 얇고 조붓하게 썰다

齢が不惑をすぎる 나이가 불혹(40)을 넘다

四十がらみの男 40세 가량의 사나이

ぐでんぐでんに酔う 곤드레만드레 취하다

とくとくの清水 쪼록쪼록 흐르는 맑은 물

長さ揃ってない 길이가 일치하지 않다

パットいいブラ 뽕브라

アイプチ 쌍꺼풀 테이프

下ネタ 음담패설

態度がでかい 태도가 건방지다

メイド服 하녀 복장

援交(援助交際) 원조교제

焼き肉バイキング 고기 뷔페

スイート 스위트룸

旬の食べ物 제철 음식

ドタキャン 약속 전에 갑자기 펑크를 내는 것

ダブる 같은 일이 겹치다

茶を煎じる 차를 달이다

くだけた雰囲気 허물없는 분위기

笑いがこみ上げてくる 웃음이 절로 나다

読書の醍醐味 독서의 참된 맛

手取り金 실제 수령액

給料から天引きする 급료에서 공제하다

舌打をする 혀를 차다

化粧を落とす 화장을 지우다

会社を起こす 회사를 열다

休暇が明ける 휴가가 끝나다

一組を受け持つ 1반을 담임하다

ナイフを研ぐ 나이프를 갈다

茶菓を供する 다과를 대접하다

凛々しい姿 늠름한 모습

ほとほと閉口する 두 손 들다

くどい男 끈덕진 남자

枝を透かす 가지를 솎아 베다

魚の鱗を落とす 물고기 비늘을 벗기다

埒があかない 결말이 나지 않다
つれない仕打 매정한 처사
盛りだくさんの行事 다채롭게 꽉 짜여진 행사
漏れ聞くところによれば 들리는 바에 의하면
仕事をほったらかす 일을 내버려두다
鍔迫り合いを演ずる 격렬한 승부를 하다
フリマがある 벼룩시장이 열리다
裾をからげる 옷자락을 걷어 올리다
蔓をたどる 단서를 찾다
頬被り主義 모르는 체 하는 주의
夢も潰える 꿈도 무너지다
仕事がとんとんと運ぶ 일이 척척 진행되다
子供をすかす 아이를 달래다
たちどころに帰る 이내 돌아가다
顔がカサカサだ 얼굴이 푸석푸석하다
拾った財布を猫ばばする 주운 지갑을 자기가 슬쩍 가지다

言い淀む 말이 막히다
つんけんと物を言う 볼멘소리를 하다
もりもりと実力がつく 부쩍부쩍 실력이 늘다
道筋が立たない 조리가 닿지 않다
酒をたしなむ 술을 즐기다
酒に爛れた生活 술에 빠진 생활
裾上げ 바지 길이를 줄이는 것
痛みを静める 아픔을 가라앉히다
友だちを妬む 친구를 시새우다
盛り返す 만회하다
何でもほどほどがよい 무엇이든 적당한 것이 좋다
成績はとんとんだ 성적은 거의 비슷하다
黒山のような人だかりがする 인산인해를 이루다
面通しに現れる 대질에 나오다
麺にこだわるラーメン屋 면에 고집하는 라면집
・ぼられる 바가지 써다

《マ行 2》

もうちょっとで泣きそうになっちゃったよ。	하마터면 울 뻔 했어.
もう夏かよって感じ。	벌써 여름인가 하는 느낌.
もう一味なんだよな？	뭔가 조금 부족한 맛인데?
もう一息だ。	이제 조금만 더 하면 돼.
もう独り暮らしやめっかな。	이제 자취생활 그만 둘까.
もう、みんな見てるから、ほんとにやめてよ。	모두 보고 있으니깐 제발 좀 그만둬.
もう、やってられない！	이제 못해 먹겠어!
もう若くねえんだから無理すんなよ。	이제 젊은 나이도 아닌데 무리하지 마.
もしかして休んでる間に腕がにぶっちゃったかも。	어쩌면 쉬는 동안 실력이 줄었을지도 몰라.
もたもたしてると酢が馴染まん！	어물어물하고 있으면 식초가 잘 섞이지 않아!
もたもたするな！	어물어물하지 마!
「も」って何だ。一緒にするな。	'나도'라니. 내가 너 같은 줄 알아?
もっといいものおごってよ。	맛있는 것 좀 사 봐.
もっとふりふりじゃなきゃ。	좀 더 나플나플 해야지.
もっとポリシー持てって感じだよね。	좀 더 개념을 가져야지.
もらってもいいの？	받아도 돼?
門限あるから。また今度ね。	통금시간 있어서. 다음에 또 봐.

《ヤ行》

やけにほめるね。	몹시 칭찬을 다하고.
やだな。からまないでよ。	싫어. 놀리지 마.
家賃も大変だしな。	집세 내기도 힘들고.
やったじゃん。	해냈구나.
やっちゃう？	확 손 좀 봐 줄까?

やってもやってもきりがないし、やっきねー。	해도 해도 끝이 없고 할 의욕이 안 생겨.
やっぱ恥ずかしくてできない。	역시 쑥스러워 못하겠어.
やっぱぼっちゃり系は俺だめだな。	역시 통통한 스타일은 별로야.
やっぱ無理だって。	역시 무리라니깐.
やっぱり一緒に行けばよかった。	역시 같이 갈 걸 그랬어.
やっぱりちょっとキモイかも。	역시 좀 거북스러울지도.
やっぱり持つべきものは友だちだね！	역시 친구가 최고야.
やっぱり私って変わってるのかな。	역시 내가 별난 건가?
やばい！ 超かっこいい！	죽인다! 너무 멋져!
やばいよ。あ、どうしよう。	큰일이야. 아, 어쩌면 좋지.
ヤフオクでおとした。	야후 옥션에서 샀어.
闇って、不法両替のこと？	암거래라면 불법 환전 말이야?
やめてよー。ありえないって感じ。	묻지 마. 있을 수 없는 일이야.
やめときなよ！	그만둬!
やめとけよ。	하지 마.
やめなよ。初デートだよ。	그러지 마. 첫 데이트라며.
辞めるんだって。	그만둔다면서?
やるからには必ず結果出せよ。	이왕 하는 거 꼭 결과 보여줘.
やればいいじゃん。	하면 되잖아.
有名人などが大好きな人のことをミーハーって言うの。	
	유명인을 매우 좋아하는 사람을 소식통이라고 해.
ようやくデートにこぎつけたよ。	겨우 데이트 하게 됐어.
ようわからんけど。	잘 모르겠지만. (방언, 하카다)
よく言うぜ。	헛소리 하고 있네.
4時までチャットやってた。	4시까지 채팅했어.
よっしゃ、中食にしよう。	좋다, 그럼 테이크아웃해서 집에서 먹자.
世の中にはフェアことなんて何もない。	세상에는 정당한 일은 아무 것도 없어.

よりどり三つ1000円。　　　　　　　　　　골라잡아 천 엔.

夜はスイートに寝られるんだって。　　　　　밤에는 스위트룸에서 잘 수 있대.

《ラ行》

離婚しようですって？　　　　　　　　　　이혼하겠다고?

料金の中にチップも入ってるって聞いたけど。　요금 안에 팁이 들어 있다던데―.

旅行に来て残るのは写真だけって言うじゃない。　여행에 와서 남는 것은 사진뿐이라고 하잖아.

類は友を呼ぶっていうじゃん。　　　　　　유유상종이라 그러잖아.

令状とっといて。　　　　　　　　　　　　영장 받아 둬.

レス付けといたよ。　　　　　　　　　　　리플 달아놨어.

レディース3名で、一泊9800円だって。　　여자 3명이 하룻밤 묵는데 9,800엔이래.

連絡したら済むっていう問題じゃないでしょ！　연락하면 되는 문제가 아니지!

連絡とってないんだから。　　　　　　　　연락 안 하고 있으니깐.

ろくに挨拶もしねーんだよ。　　　　　　　제대로 인사도 안 해.

《ワ行》

分かった。お大事にな。　　　　　　　　　알았어. 몸조리 잘 하고.

分かってあげなきゃね。　　　　　　　　　이해해 줘야겠지?

分かってるんだけどねー。　　　　　　　　나도 아는데―.

分からないから、聞いてるんだろ。　　　　모르니깐 묻고 있잖아?

分からん。ヤフーの知恵袋で聞いてみよう。　몰라. 야후의 지혜주머니에 물어보자.

分かりたくもねえ。　　　　　　　　　　　알고 싶지도 않아.

分かる分かる。ひでーよな。　　　　　　　맞아맞아. 심하지.

別れちゃえ！あんたがもったいない。　　　헤어져 버려! 네가 아까워.

別れても友達でいよう。　　　　　　　　　헤어져도 친구로 있자.

別れようって言われたよ。　　　　　　　　헤어지자는 이야기를 들었어.

わけわかんねえ。　　　　　　　　　　　　어이없어.

わざとじゃなかったんだよ、本当に。　　　　　　정말로 고의가 아니었어.

わざとワン切りをし、こちらがかけ直しよう仕向けているのだ。

　　　　　　　　　　일부러 한번 울리고 끊어 이쪽에서 다시 걸도록 만든다.

私じゃだめ？　　　　　　　　　　　　　　　나는 안 되겠니?

私、大学の推薦受かったんだ。　　　　　　　나, 대학 추천입학 붙었어.

私たち、もうだめだよ。　　　　　　　　　　우리 이제 끝이야.

私ちょっとAB型苦手だな。　　　　　　　　나 AB형이랑 좀 안 맞아.

私の勝手でしょ。　　　　　　　　　　　　　내 마음이잖아.

私の彼に色目使って、気をひきやがって。

　　　　　　　　　　내 남자친구한테 추파를 던져 관심을 끌려고 지랄이야.

私のこと嫌いにならないでね。　　　　　　　내가 싫어지면 안 돼.

私のこと分かってもらいたい。　　　　　　　나에 대해 알아줬으면 좋겠어.

私はいくら憎まれたって構わない。　　　　　나는 아무리 미움을 받아도 상관없어.

私は去年のスカートがゆるゆるなの。　　　　난 작년에 입은 치마가 헐렁헐렁해.

私はスッチーだったんだ。　　　　　　　　　나는 스튜어디스였어.

私、八方美人だから、嫌な顔できない。　　　나 팔방미인이라서 싫은 얼굴 못해.

私はなんばしたらよかとや。　　　　　　　　난 무엇을 하면 될까?(방언, 하카다)

私、人見知りが激しいの。　　　　　　　　　나 낯가림이 엄청 심해.

私ももうどうなっても知らないから。　　　　난 더 이상 어떻게 되든 상관 안 할 테니까.

悪いけど、ここの所ちょっと直してもらえるかな。　미안한데 여기 좀 고쳐줄 수 있어?

悪い、悪い。道が込んでてさ。　　　　　　　미안, 미안. 길이 막혀서.

悪かったな、笑って。　　　　　　　　　　　비웃어서 미안했어.

んー、ちょっとゆううつ。　　　　　　　　　응, 좀 우울해.

んもう、やってらんない。　　　　　　　　　정말 못 해먹겠어.

1 다음 문장들을 괄호 속에 유의하면서 현재 일본 젊은 층들이 사용하는
간결한 반말체로 日訳을 해 보자.

1. 아, 메일 온 것 같던데. (メール)

   ⇨

2. 이걸로 다섯 번째야. 정말 질렸어. (まいる)

   ⇨

3. 아, 미안. 지금 바쁘니까 이따 다시 걸게. (あとでかけ直す)

   ⇨

4. 확실히 말하는 게 어때? 마음이 없다고. (〜って)

   ⇨

5. 얼마 전 남자친구한테 루이비통 사 달라고 졸랐어.(ビトン)

   ⇨

6. 떼쓰지 말라며 혼났어. (ダダをこねる)

   ⇨

7. 응, 전화번호 물어보더라고. (〜ちゃう)

    ⇨

8. 하지만 하루면 다 들통 나. 왜냐하면 진짜 시끄럽잖아! (〜もん)

    ⇨

9. 얼마 전에도 '난 날것은 못 먹어'라고 말하는 거야. 짜증나! (〜って, うざい)

    ⇨

10. 그럴 거면 먹지 말라고 말해 주고 싶어.

    ⇨

11. 애교 없다는 이야기를 들었어. (愛嬌)

    ⇨

12. 왠지 내숭 떠는 것 같잖아. (ぶりっ子)

    ⇨

제1과 화장실 갔다 올게.

1. 実は朝ごはん抜いてさ、腹ぺこぺこ。
2. ひょっとして、私がおごるって言ったから？
3. 好きな番組って何？
4. キムタクが韓国のコマーシャルに出てるんだって。
5. それって買い物って言わないんだよ。
6. 大丈夫？大事にしろよ！
7. あっ、そう。弁当買ってきて。
8. せっかく、洗車したのに。まったく。
9. あれ、服逆さまに着てるぞ。
10. ひょっとして、マザコンなの？
11. 夕べ、金縛りにあっちゃってさ。
12. で、こないだも聞いたじゃん。

제2과 얘기가 틀리잖아?

1. いや、痛いし、むちゃくすぐったい。
2. よかった。私もちょうど今銀行に行くところ。
3. うん、最近妙に疲れるな。
4. 試験前だからちょっと無理しちゃった。
5. まあ、しょうがないな。じゃ、気をつけてな。
6. なんだと？そっちの意味かよ。ムカッ！
7. どこか調子わるかった？

8. はあ、どうすればいい？

9. コーヒー飲む？ うん、もらおうかな。

10. あっ、俺猫舌だからさ。

11. 今月歯医者行くんだけど、ちょっとびびってるんだよね。

12. 記憶が飛んで何をしたか覚えてないもん。

제3과 먼저 스스로 해보는 것이 상책이다.

1. なんだそれ、違うってば。

2. 今日ちょっと付き合って。

3. いやだよ。お前の彼氏にやってもらえよ。

4. 彼女に手出したんだって？ やめろよな。

5. 二度とそういうバイトしないでね。

6. あれ、髪伸びだな。

7. もうちょっと就職活動頑張らなくちゃな。

8. 汚い！ちゃんと洗いな！

9. よかったんじゃん。

10. 女の子はいやがるって聞いてたぞ。

11. 来月結婚するんだって。

12. で、どうやって知り合ったんだ？

제4과 자, 뒤를 부탁하네.

1. マジかよ、ちくしょう！ウイルス感染しちゃったよ。

2. ウイルス対策してみたらって言ったじゃん。

3. お前に頼まれたシーディー(CD)だよ。いらねえのかよ。

4. あ、そうだった。CD焼いてくれたんだ。

5. 男でパソコン音痴って、ださいよな。

6. これ、ただの文字化けだよ。

7. 最近、パソコンの調子悪くてよくかたまるんだよ。

8. お前パソコン詳しいだろ？

9. あー、これってなんだ？

10. あ、車のパーツじゃん。俺もほしかったやつだ。

11. あんたには関係ないじゃん。そんなこと言うなら、あっち行ってよ。

12. ううん、まだ。じゃ、そろそろ飯おちするよ。

제5과 어째서라니, 어쩔 수 없잖아.

1. はあ？あんた、それマジで言ってんの？

2. お願い、やっといて。

3. どうすっかな。どうにもできない。

4. 私がやってみるから、ちょっとどいてみ。

5. やだ。マジきもい！

6. はあ？聞き間違ってんじゃねえよ。

7. うわ、見るからに神経質そうだもん(ね)。

8. ダブルワークでもしなきゃ、やっていけないよな。

9. どうにかしてほしいよね。

10. 今の若い奴はだめだよな。

11. まあな、俺も若かったってことだよ。

12. 当たり前じゃん。えっ、もしかして、足りないの？

제6과 시끄러! 그보다 이렇게까지 할 거 없잖아?

1. あの子、卒業できないんだって。

2. おめでとう。じゃあ、今日はおごってあげるから。

3. 時給がいいバイトってないかな。

4. すっぽりはまってからじゃ遅いから、どうにかしてあげれば。

5. バイトの面接行ったら、元カノの父ちゃんがいてよ。

6. マジ冷や冷やしたよ。

7. だめに決まってるじゃん。

8. 昨日事故ったらしい。

9. お前は、世渡り上手だからな。俺は苦手だ。

10. 俺は平凡じゃいやだ。絶対出世してやる。

11. こんなところで何やってんの？

12. うるせーな。お前も立ってないで、手伝えよ！

■ 제7과 가지 말래.

1. 貧乏旅行したいんだけど、まだ分からん。

2. なんか飲みもんある？

3. 今月も生活費ぎりぎり。

4. まったくついてないよ。

5. 何怒ってんの？

6. お前、車買ったんだって。

7. まあ、それもこってりしておいしいね。

8. さっさとやってさっさと帰ろう！

9. 忙しかったら先行って。

10. おう、すっきりしていいじゃん。

11. おい、俺の話ちゃんと聞いてんのかよ。

12. あ、ごめん。何って言った？

1. どうしたんだよ。今日ぼっとして。

2. あっ、そうだったんだ。

3. まだ、そんな関係じゃないって。

4. コーヒー入れようか。

5. 一人で何をぶつぶつ言ってんの?

6. まったく、むかついてさ。

7. 夏ばてじゃねえ?

8. いや、そんなことないよ。

9. ちょうどよかった。今、合コンやってるんだけど来ない?

10. 分からん。鼻がむずむずする。

11. あー、ハワイでも行ってのんびり休みてえ。

12. その服、ちょっとださくない?

제9과 잊어서는 안 돼.

1. あんたのよりましだよ。

2. え、ビキニかあ。ちょっとこの腹は、やばいかな。

3. 最近、あいつ、うざくない?

4. なんか、あんたって結構ドジだよね。

5. そこまではっきり言わなくてもいいじゃん。

6. えっ、大丈夫だったの?

7. 「でたらめ言ってんじゃねえよ!」って言われた。

8. そのうち、泣くよ。

9. さっき、マジ、キモかったんだけど。

10. 最近、あの女、目障りでー。

11. なんで？ なんかあったの？
12. はあ？ 私にけんか売ってる？

■ 제10과 술을 사 놓을 게.

1. それはいかんな。 ムカつくよな。
2. やっぱり浮気してた。 もう死んでって感じ。
3. お前には無理だね。 だって優しくねえもん。
4. 別に、人のことなんだから、いいじゃん。
5. うわ、マジせこい。 信じらんない。
6. 機嫌わるいね。 どうしたの？
7. 合コン相手にダメだしされた。
8. 気にするな。 いい男紹介してあげっから。
9. 調子にのるなよ。 ただのお世辞じゃん。
10. なんだ？ その言い方ひでえーよ。
11. みっともない。 なんか男としてなさけないね。
12. うん、なんかつながっているって感じだから、買っちゃった。

■ 제11과 그런 간단한 것도 못하다니 정말 한심스러운 일이다.

1. 買い物終わったらさ、久プリしない？
2. 魔よけで、使ってくださいだって。
3. あー、衝動買いしちゃったよ。
4. だって、前からずっとほしかったんもん。
5. はいはい、好きにして。
6. だから夜遅く食べるなって言っただろ！
7. 違うよ。 最近スパッツ流行ってるじゃん。

8. めちゃかわいいね。私も買ってみようかな。

9. あっ、ごめん。細かいお金がない。

10. こらっ、早く返して！

11. 今日どうしたの？黒ずくめじゃん。

12. そっ！少しごまかせるでしょ。

■ 제12과 **입어 봐야지.**

1. めちゃいいブーツ見つけて、また買っちゃった。

2. 大丈夫？そのうち、ブラックリストにのっても知らんぞ。

3. 昨日から、バーゲンやってるよ。行ってみない？

4. あ、そういえば、少しスリムになったよ。

5. 違うよ。これは、彼にねだって、買ってもらったの。

6. 今日、合コンだから、おしゃれしてきて。

7. お腹空いた。私がおごるから行こう！

8. 近くにコンビニあったっけ。

9. 今は小学生にも、プチ整形させる親がいるんだって。

10. え、見た感じでばれないの？

11. だって、彼氏に貧乳って言われたんだもん。

12. うん、たまにはかわいく見せなきゃ。

■ 제13과 **믿고 있던 아버지가 바람을 피우다니.**

1. 便秘気味でさ、なんかすっきりしないんだよね。

2. お腹にぜい肉ついてなかなか落ちない。

3. もしかして中年ぶとり？あ！ごめん。

4. えっ、そう見えない。ほんと若く見えるね。

5. いやいや、だめ。割り勘にしよう。

6. 嘘だめ！そんなことないよ。ダイエットして成功したんだよ！

7. お肌のお手入れしなくちゃ。

8. でも、頭空っぽだし、性格ちょっとおかしくねえ？

9. 化粧のりいいからさ。

10. じゃ、出前、頼む？

11. どうした？ さっきからため息ばっかりついて。

12. どうしよう。目の下にクマできた。

제14과 믿고 있던 아버지가 바람을 피우다니.

1. あっ、本当だ。パンダみてえ。

2. お腹壊したの？ 薬は飲んだ？

3. マジうまい。おこげがまたうまいんだよな。

4. この前、彼女とけんかしちゃった。

5. 振られちゃったよ。

6. だから期待しちゃだめって言ったじゃん。

7. うわっ、八つ当たりかよ。

8. ええ、こんなのも知らないの？ これって今常識だよ。

9. ねえ、別れようと思うんだけど、どう思う？

10. 今度入ったマックの男、パネェーかっこよくない？

11. あ、そうなんだ。でも、なんで？

12. 得するってわけだ。

제15과 너 따위에 질소냐.

1. なんか、うれしそうじゃん。

2. え、マジで？ ひょっとして、元さや？

3. もう着信拒否にしてあるもん。

4. いいよ。珍しいね。写メとろうよなんて。

5. そうか。悪知恵だけは、すごいな！

6. いや、最近ワン切りが多くてさ。

7. そんなわけないじゃん。マジ悩んでるんだよ。

8. ねえ、たまには、外国人と付き合ってみたいよね。

9. やだ、真面目に友達としてさ。

10. あ、やばい。どうしよう。

11. 着メロ変えたんだね。

12. だから、頑張ってんじゃん。

第16과 병을 무릅쓰고 일하고 있다.

1. あ、メールきてたみたいだよ。

2. これで5回目だよ。まいったなー。

3. あ、ごめんねー。今忙しいから、あとでかけ直す。

4. はっきり、言ったら？ 気がありませんって。

5. この前、彼にビトン買ってっておねだりしちゃった。

6. ダダこねてるんじゃないぞって、怒られちゃった。

7. うん、電話番号聞かれちゃった。

8. でも、一日でばれるよ。だって、ほんと、うるさいもん。

9. この前も「私、生物は食べられない」んだって。うざっ！

10. だったら、食うなって言いたいよね。

11. 愛嬌ないって言われた。

12. なんかぶりっ子みたいで。

참고문헌

内堀明・斎藤信浩 공저, 악센트 일본어 단어, 제이앤씨, 2003.8

김옥영 외 2인 공저, 일본문화와 함께 하는 회화 여행, 제이앤씨, 2003.8

후지이 아사리, 듣기만 해도 말이 나오는 일본어 무작정 따라하기, 이지톡, 2007.8

김혜옥, 관광통역일본어, 정진출판사, 2003.1

水谷信子, 신일본어 리스닝 일본어 1, 다락원, 2005.1

C&P일본어교육・교재연구회 편, 중급 일본어 작문, 진명출판사, 2005.3

일본어 ED, 뱅크 일본어문법, 일본어뱅크・중국어뱅크, 2009.6

송규원・신노 토모코, 시스템 일본어 문법, 사람in, 2007.1

박소영・함수진, 미녀통역사와 함께하는 일본어 첫데이트, 성안당, 2009.9

후지타 사유리, 미수다 사유리의 일본어 리얼 토크, (주)도서출판 넥서스, 2009.10

박유자 편, 필수 일본어 문형, 제이플러스, 2007.12

정의상・정일영 공저, 50가지 표현으로 배우는 일본어 기본 문형, YBM si－sa, 2003.4

二日市壯 외 3인 공저, 뉴 다락원 일본어 4, 다락원, 2008.3

김가영 편, 일본 네이티브가 가장 많이 쓰는 일본어 표현 BEST, 송산출판사, 2010.2

김연수, 생 SHOW 리얼 TALK 일본어 회화, 진명출판사, 2008.7

후지이 아사리, 일본어 현지 회화 무작정 따라하기, 길벗 이지톡, 2008.8

송상엽 엮음, 실용 일본어회화 사전, vitamin Book, 2007.7

요시・정선영 공저, 바로바로 골라 쓰는 일본어회화 핵심표현 2000, 씨앤톡, 2007.5

오화정・姜梨惠 공저, 두고 두고 보는 일본어회화 표현사전, 도서출판 리브리언, 2008.5

황금자, 상황별로 익히는 핵심 패턴 일본어회화, 와이엘북, 2008.2

水野俊平, 동시통역 일본어회화 사전, 제이플러스, 2009.4

메구로 마코토, 비즈니스 일본어회화, 동양문고・상상문고, 2009.3

송상엽, 일상 일본어회화 표현사전, 랭컴, 2009.5

이현정, 네이티브 발음으로 유창하게 말하는 일본어회화사전, 예스북, 2009.10

이순희, 일상동작 일본어회화, 제일법규, 2007.4

안용백, 일본어일기 표현사전, (주)도서출판 넥서스, 2009.12

김수정·반노신지, 일본어회화 365단어로 니뽕 기죽이기, 넥서스, 2008.2

이장우·다나카 요시미, 문제로 잡는 일본어능력시험 2급문제집, 사람in, 2006.11

이치우·竹山則子, 일본어능력시험 한권으로 끝내기 2급, 다락원, 2008.7

임승진·모토야마 다카코 공저, 짧은 표현으로 거침없이 말하는 일본어, 넥서스JAPANESE, 2009.1

전태숙, 진짜 회화는 일드에 있다! 드라마 일본어, 성안당, 2009.4

오화정, 드라마 일본어회화, 도서출판 리브리언, 2009.2

고시야마 미치코, 이치코의 세대공감 유행어, BCM미디어, 2007.7

넥서스 사전편찬위원회 편, 일본어일기 표현사전, (주)도서출판 넥서스, 2009.12

柳川鑛子·長田裕敬 공저, 신개념 일본어, (주)시사일본어사, 2008.1

박순애·岡俊光·小峰理奈 공저, 일본어뱅크, 2008.3

이시하라 히로타미, 동양문고 일본어 프리토킹 입문, 동양문고, 2009.3

千秋英二·高野進·岡崎學 공저, 중상급자용 일본어회화 즐거운 프리토킹, (주)시사일본어사, 2008.3

다카하시 마리코, 프리토킹 일본어 자유자재로 표현하기, YBM si－sa, 2005.1

강경자, 우키우키 일본어4, 넥서스JAPANESE, 2088.8

나가하라 나리카쓰, 우키우키 일본어회화 고급편, 넥서스JAPANESE, 2009.9

저자약력

정인문

동아대학교 대학원 국어국문학과 박사과정 수료(문학박사)

일본 大東文化대학 대학원 문학연구과 박사후기과정 일본근대문학 전공 수료(일본 문학박사)

일본 츠쿠바대학 대학원 인문사회과학연구과 박사후기과정(일본 문학박사, 논문박사)

문학평론가(「조선문학」신인상 평론 당선 데뷔)

한국문인협회회원, 동아문인회, 조선문학회원, 부산광역시문인협회원

한국일본근대학회 회장 역임

대한일어일문학회 학술이사, 감사, 편집위원

일본어문학회 학술이사

한국일본어문학회 이사

동아시아일본학회 편집이사, 출판이사, 학술이사

한일일어일문학회 학술이사

동일어문학회 이사

한국일본근대문학회 이사

경상남도 지방공무원 임용시험 문제출제위원

부산광역시 지방공무원 임용시험 문제출제위원

소방위 · 지방소방위 승진시험 필기시험 출제위원

관광통역안내사 국가자격시험 면접위원

부산여자대학 관광통역과 교수

경상대학교 대학원 일본학과 박사과정 강사

부산외국어대학교 대학원 일본어과 박사과정 강사

전 동아대학교 일어일문학과 교수

동아대학교 일어일문학과장, 대학원 학과장, 교육대학원 주임교수

동아대학교 교수업적 평가 최우수 교수

동아대학교 최우수 강의 교수

고려대학교 대학원 일어일문학과 박사학위논문심사위원

부산외국어대학교 대학원 일본어과 박사학위논문심사위원장

경상대학교 대학원 일본학과 박사학위논문심사위원장

유학생 일본어 논문 콘테스트 최우수상

2007년도 대한민국학술원 선정 최우수 학술도서(일본 명치기 문학논쟁사) 수상

2008년도 대한민국학술원 선정 최우수 학술도서(1910,20년대 한일 근대문학교류사) 수상

2011년도 대한민국학술원 선정 우수 학술도서(현대 일본문학 논쟁사) 수상

정인문 박사 일본어 학습 시리즈 4

젊은 층들의 네이티브식 표현을 활용한 **일본어회화**

초판인쇄 2011년 08월 05일
초판발행 2011년 08월 19일

저　　자 정인문
발 행 인 윤석현
발 행 처 제이앤씨
책임편집 김진화 이신
배송영업 류준호
등록번호 제7-220호

우편주소 (132-040) 서울시 도봉구 창동 624-1 북한산 현대홈시티 102-1206
대표전화 (02)992-3253
전　　송 (02)991-1285
홈페이지 http://www.jncbms.co.kr
전자우편 jncbook@hanmail.net

· 저자 및 출판사의 허락 없이 이 책의 일부 또는 전부를 무단복제 · 전재 · 빌쉐힐 수 없습니다.
· 잘못된 책은 바꿔 드립니다.

ⓒ 정인문 2011 All rights reserved. Printed in KOREA

ISBN 978 89-5668-866 4 13730　　　　　　　정가 11,000 원